松村邦洋

懲りずに「べらぼう」を語る

2025年
NHK大河ドラマ

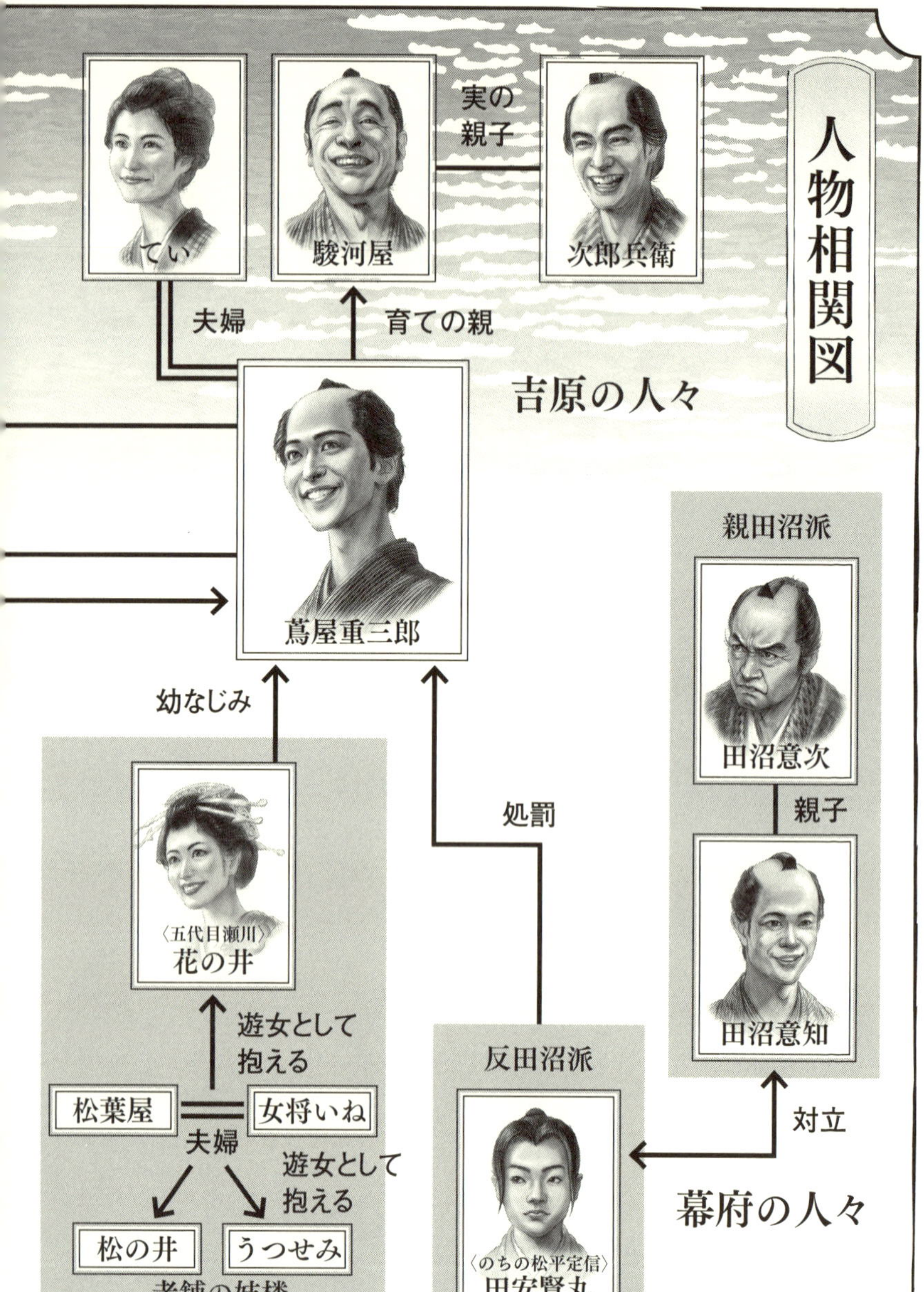
人物相関図
てい
駿河屋
次郎兵衛
実の親子
夫婦
育ての親
吉原の人々
蔦屋重三郎
幼なじみ
処罰
〈五代目瀬川〉
花の井
遊女として抱える
松葉屋
女将いね
夫婦
遊女として抱える
松の井
うつせみ
老舗の妓楼
親田沼派
田沼意次
親子
田沼意知
対立
反田沼派
〈のちの松平定信〉
田安賢丸
幕府の人々

人物相関図

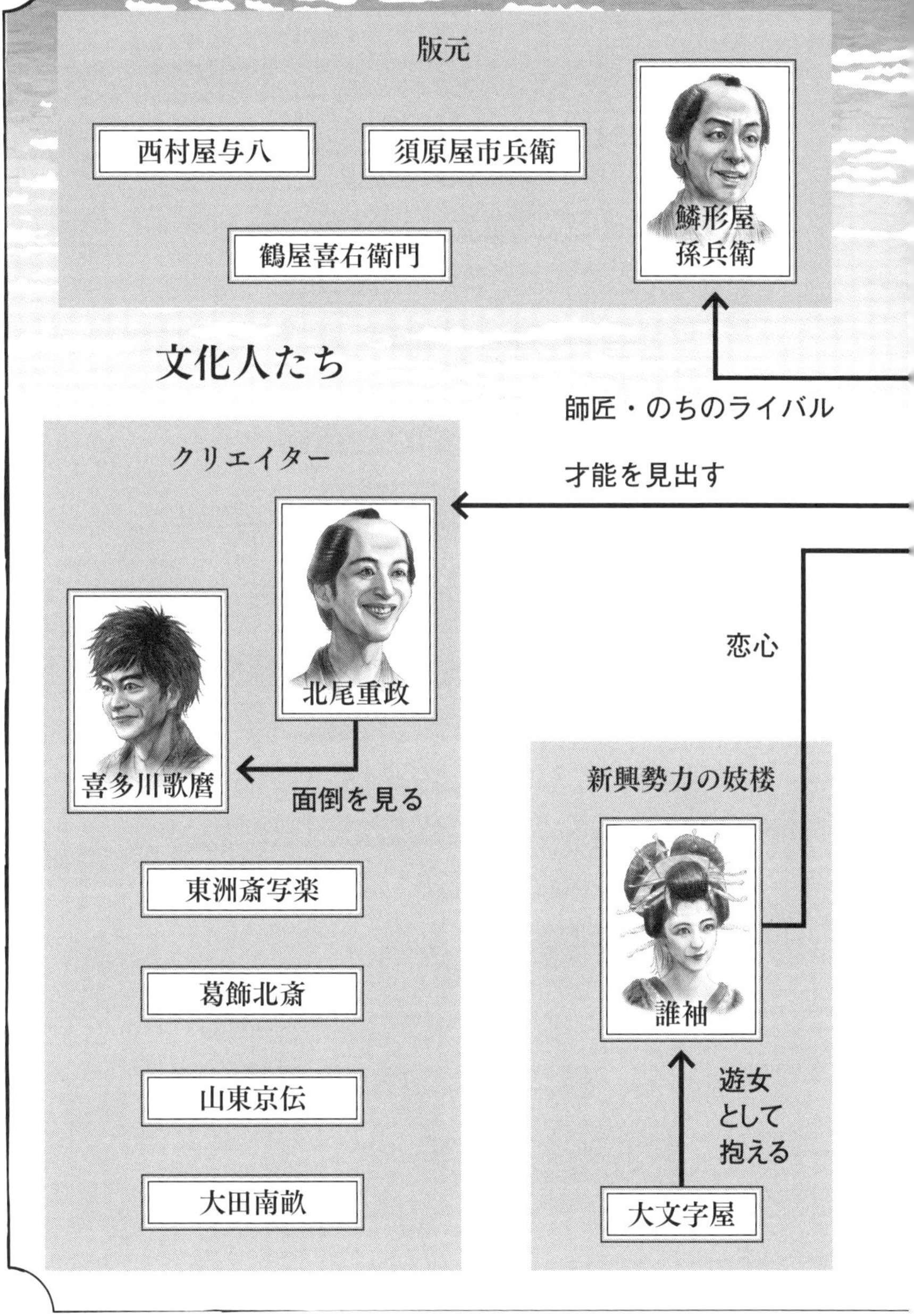

版元
西村屋与八
須原屋市兵衛
鶴屋喜右衛門
鱗形屋孫兵衛
文化人たち
師匠・のちのライバル
才能を見出す
クリエイター
北尾重政
喜多川歌麿
面倒を見る
東洲斎写楽
葛飾北斎
山東京伝
大田南畝
恋心
新興勢力の妓楼
誰袖
遊女として抱える
大文字屋

主な登場人物の生没年グラフ

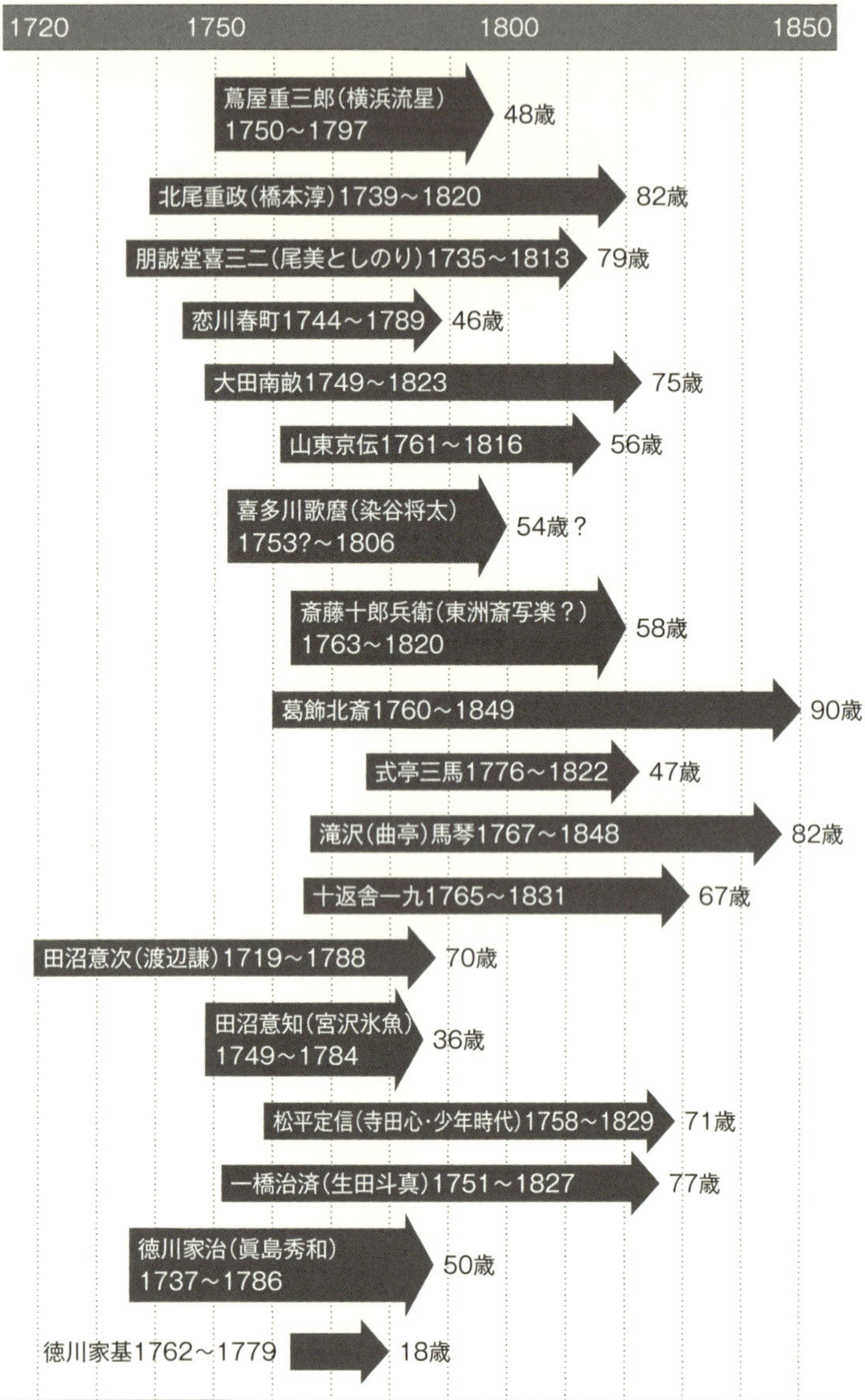
1720
1750
1800
1850
蔦屋重三郎（横浜流星）1750～1797
48歳
北尾重政（橋本淳）1739～1820
82歳
朋誠堂喜三二（尾美としのり）1735～1813
79歳
恋川春町1744～1789
46歳
大田南畝1749～1823
75歳
山東京伝1761～1816
56歳
喜多川歌麿（染谷将太）1753?～1806
54歳？
斎藤十郎兵衛（東洲斎写楽？）1763～1820
58歳
葛飾北斎1760～1849
90歳
式亭三馬1776～1822
47歳
滝沢（曲亭）馬琴1767～1848
82歳
十返舎一九1765～1831
67歳
田沼意次（渡辺謙）1719～1788
70歳
田沼意知（宮沢氷魚）1749～1784
36歳
松平定信（寺田心・少年時代）1758～1829
71歳
一橋治済（生田斗真）1751～1827
77歳
徳川家治（眞島秀和）1737～1786
50歳
徳川家基1762～1779
18歳

はじめに

どうもこんにちは、松村邦洋です。ボクのＮＨＫ大河ドラマ本も『鎌倉殿の13人』『どうする家康』『光る君へ』に続いて４冊目になりました。手に取っていただいて、本当にうれしいです。

大河ドラマは、小学校３年の時に『風と雲と虹と』（１９７６年）を観て以来、もう好き過ぎて好き過ぎて、48年間ずーっと観続けています。好きが高じて、ＹｏｕＴｕｂｅで『松村邦洋のタメにならないチャンネル』を開いて毎週月曜日、前日にオンエアされた大河ドラマの実況をやってます。

これまでに『鎌倉殿の13人』（２０２２年）、『どうする家康』（２０２３年）、『光る君へ』（２０２４年）と、３年続けて大河ドラマについて、好き勝手におしゃべりしてきましたけど、今回、２０２５年の大河ドラマ『べらぼう～蔦重栄華乃夢噺～』のことも、知っていたり、新たに勉強したことを、何でもかんでもお話ししていこうと思ってます。

『べらぼう』の主人公の名前は蔦屋《つたや》重三郎《じゅうざぶろう》。江戸時代の真ん中から後半くらい、1700年代後半から1800年代に入る直前の頃に、江戸は日本橋で耕書堂《こうしょどう》っていう版元、つまり出版社を経営していました。

今でいえば、凄腕《すごうで》の出版プロデューサーですね。戯作本《げさくぼん》とか黄表紙《きびょうし》とか狂歌とか、さらには浮世絵に至る多くのメディアで大ヒット作をいくつも仕掛けました。当時、蔦屋の名前とその版元印——山型に蔦の葉のマーク——はカッコイイの代名詞で、耕書堂で本を買うこと自体が時代の最先端で、イケてることだったんです。

「親なし、カネなし、画才なし」でもよっぽど魅力のある人だったんでしょう、大遊郭・吉原を根城にして大物の作家や文化人たちとの人脈を築き、喜多川歌麿、葛飾北斎、山東京伝《さんとうきょうでん》、そして東洲斎写楽といった若い才能を発掘し、育てた人でもあります。

ところで、なぜNHKはこのタイミングで「江戸の出版王」を取り上げたんでしょうね？　この本は勝手に作っちゃってるから、そのあたりの深い事情は何も聞いていないんですが、芸人であるボクなりに考え、感じていることがあります。

蔦屋重三郎は、田沼意次《おきつぐ》が老中を務めた、ある意味で自由（でデタラメ？）な時代に出版業を志しました。しかし、ご存じの通り意次は失脚、代わりに老中首座となった松平定信が始めた寛政の改革によって一転、出版業界は厳しい規制にさらされたんです。浮世絵師、戯作者、狂歌師たちが作品をつぶされ、中には自殺した人もいます。

この時代と、何か言うとすぐにネットで炎上し、時に身の危険も感じる今どきの状況とが、とても似ている気がするんですよ。詳しくは中でお話ししますが、ＮＨＫは、そこまで考えて主人公を選んだのかもしれませんね。

とはいえ、大河ドラマは１年がかりの一大エンターテインメントです。おなか一杯楽しみましょう。そのためにも、目一杯ご協力させていただきますよ。

松村邦洋

２０２４年12月

第1章 大河『べらぼう』はここが面白そう！

第2章

本屋から辣腕プロデューサーへ　～若き日の蔦重～

第3章

「バブル」田沼から「コンプラ」定信へ

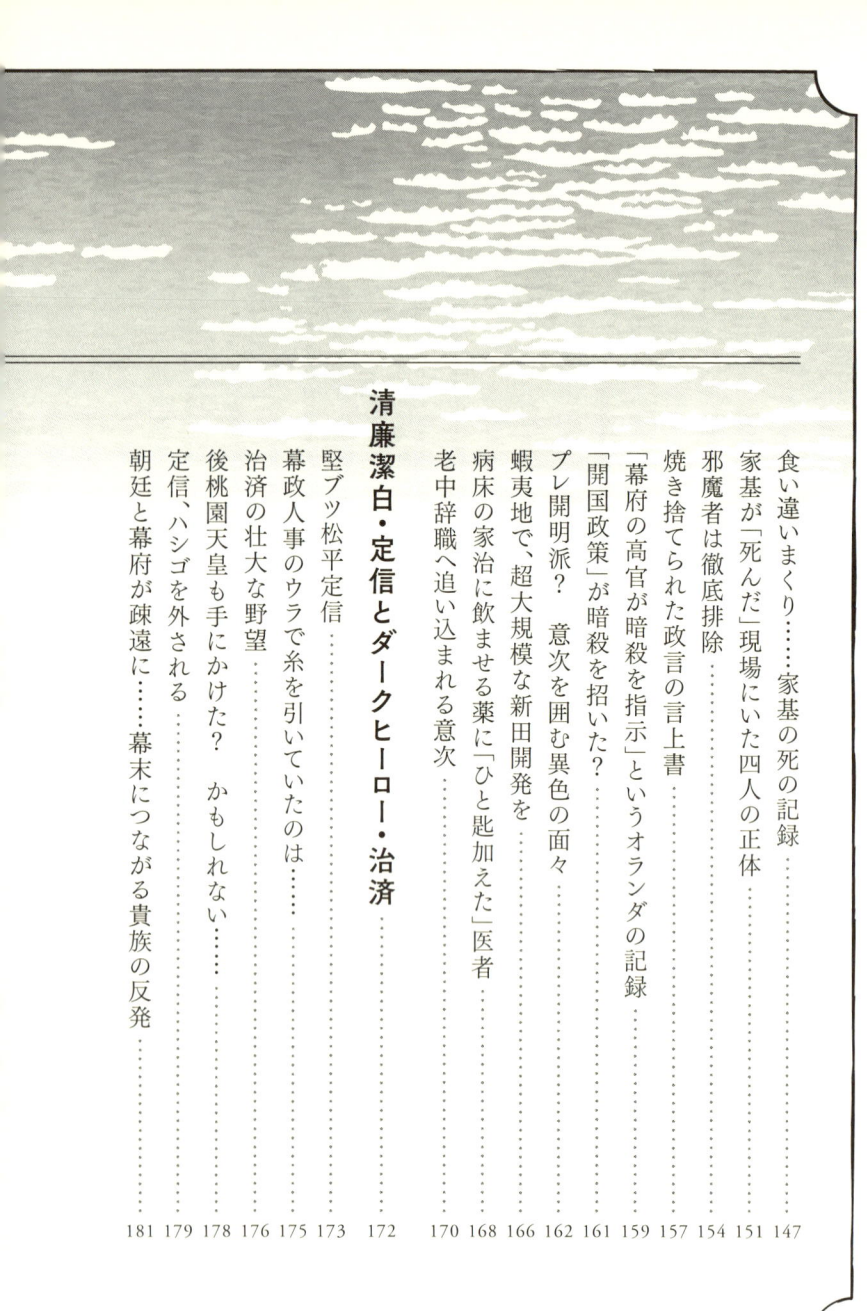

第4章 逆境に負けてたまるか！ 蔦重「必勝」の裏側

蔦重が遺したもの

第1章

大河『べらぼう』はここが面白そう！

豪華キャスティングを深読みする

鱗形屋孫兵衛

『八代将軍　吉宗』のすぐ後の時代

さーあ、始まりますね。２０２５年の大河ドラマ『べらぼう～蔦重栄華乃夢噺～』。主人公が横浜流星さん演じる**蔦屋重三郎**。浮世絵の歌麿、写楽を売り出し、戯作、狂歌などメディアの世界をリードした「江戸の出版王」です。

当時の通称「蔦重」に従って、この先は重三郎のことを蔦重《つたじゅう》と呼ぶことにします。

で、いきなりアレですけど、『きみの瞳《め》が問いかけている』（２０２０年、三木孝浩監督）っていう映画、ボクはまだ観てませんけど、吉高由里子さんと横浜流星さんのダブル主演だったんですね。これ、見抜かれてますよＮＨＫ。先をね。『光る君へ』と『べらぼう』の主演、そのまんまじゃないですか。

『べらぼう』はもちろん江戸時代のお話なんですが、過去の大河で、戦国時代や幕末を除く江戸時代の真っただ中を扱った作品は、『赤穂浪士』（１９６４年）、『樅《もみ》の木は残った』（１９７０年）、『元禄太平記』（１９７５年）、『峠の群像』（１９８２年）、『八代将軍　吉宗』（１９９５年）、『元禄繚乱《りょうらん》』（１９９９年）、の６作品がありました。

この中の『八代将軍　吉宗』の時代のすぐ後、10代将軍**徳川家治**と**田沼意次**が幕政を握る頃から、意次が失脚して**松平定信**が老中首座のポジションに就き、寛政の改革を始める——そんな時代です。『光る君へ』（2024年）と同様、戦《いくさ》がない時代を扱うことになります。男性で武士じゃない主人公っていうのも、『花神』（1977年）、『黄金の日日』（1978年）のほかは『山河燃ゆ』（1984年）、『いだてん〜東京オリムピック噺《ばなし》〜』（2019年）ぐらいじゃないでしょうか。

〝べらぼう〟たちの面倒を見る役回り

なんでタイトルが『べらぼう』なんでしょうね？　べらぼうは穀《ごく》潰し——働かざるけど食ってる人——を指したり、このドあほ！　みたいな罵《のの》り言葉でもあります。

江戸の一大遊郭・吉原の義理の親の元で生まれ育った蔦重は、「親なし、カネなし、画才なし」でありながら、生き馬の目を抜く出版メディアの世界にベンチャー社長として殴り込みをかけるわけです。

大手の版元——出版社ですね——やライバルたちとシノギを削りつつ「べらぼうめェ！」と吐き捨てる場面もあれば、寛政の改革という規制、規制の時代、自由奔放にして猥雑《わいざつ》な浮世絵、戯作、狂歌を締め上げようとあれこれ手を打ってくる幕府や老中・松平定信に対して「べらぼうめェ！」と反骨を見せる場面もあるんじゃないでしょうか。

それに何より、才能と元気だけはある若い〝穀潰し〟たちの面倒を見て、彼らにチャンスを与える役回りなんです。そいつらに「このべらぼうめェ！」って叱りつける場面があるかもしれませんね。

親子2代の大河ドラマ演出家

森下佳子さんが脚本ですか。ＴＢＳ『世界の中心で、愛をさけぶ』（２００４年）とか『ＪＩＮ－仁－』（２００９年、２０１１年）、大河は『おんな城主　直虎』（２０１７年）をやっておられますけど。最近では男女逆転のＮＨＫ『大奥』（２０２３年）ですね。『べらぼう』とは同時代なので、登場人物もかなり重なるはずですよ。

演出の大原拓さんは、お父さんの誠さんが大河ドラマ第一作の『花の生涯』（1963年）で演出助手を務めて以来、『徳川家康』（1983年）、『元禄繚乱』などすごい大河ドラマのチーフ演出をやってた方ですね。拓さんの『麒麟《きりん》がくる』（2020年）は古き良き大河をほうふつとさせましたし、『軍師官兵衛』（2014年）も当たってますしね、これは相当いいんじゃないですか。

謎の絵師・写楽を演じるのは……

さてキャスティング、やっぱり豪華ですねえ。

まず注目は蔦重の盟友であり、そのプロデュースによって、江戸の美人画のナンバーワン浮世絵師となった天才・**喜多川歌麿**ですね。今や世界のウタマロですけど、その歌麿を染谷将太さんが演じます。これはちょっと楽しみですね。『麒麟がくる』の信長もサイコパスな感じでよかったですし。今回も暴れてくれそうですね。

NHKスペシャルドラマ『坂の上の雲』（2009〜2011年）の再放送を観て

たら、阿部寛さんが演じた秋山好古《よしふる》の子ども時代って染谷将太だったんだ！　うわーっと思って。伊東四朗さんがお父さんでね。子役からの人って、年季が入ってますよね。三浦春馬さんは亡くなられたけど、染谷さん、うまいですよね。坂上忍さんとかもそうですが、今どきの子役って大成するんですよ。昔は成長したら引退したり、事件を起こしたりする人が多かったですけど。

同じ蔦重のプロデュースで衝撃のデビューを果たし、強烈なインパクトのある役者絵を多数残し、1年足らずで行方不明になった浮世絵師が**東洲斎写楽**です。謎の絵師ってことで、誰が演じるのかはけっこうギリギリまで発表されないと思います。

過去に写楽を演じた方で印象が強いのが、映画『写楽』（1995年、篠田正浩監督）の真田広之さんです。

しゃらくせえ！　が写楽の名の由来だってことにしてましたが、主演とプロデューサーを兼ねた『SHOGUN　将軍』（2024年）が米エミー賞で史上最多部門を受賞した真田さん、世界的な映画人になっちゃいましたね。『写楽』はアートっぽいシャープな仕上がりで、音楽の武満徹《たけみつとおる》さんはこれが遺作になったそうです。

『写楽』劇中の真田さんは主人公の十郎兵衛。通称「とんぼ」っていう歌舞伎役者です。舞台で足に大怪我をして役者の道を絶たれ、大道芸人をしつつフランキー堺さん演じる蔦重に絵の才能を見出され、写楽としてデビュー。一世を風靡《ふうび》するんですが、葉月里緒奈《りおな》さん演じる吉原の花魁《おいらん》とねんごろになったことで、佐野史郎さんが演じる歌麿の嫉妬を買い、悲劇的なラストにつながるんですよ。

この作品に、レンタルビデオ・CDショップチェーン「TSUTAYA」のカルチュア・コンビニエンス・クラブが出資してるんです。蔦重と繋がりがあるのかと思いきや、血縁とかそういうのは一切なくて、創業者の増田宗昭さんのお祖父さんの屋号が「蔦屋」だったこともあって、江戸の文化・出版への敬意を表したんだそうです。

写楽の研究家だったフランキー堺さん

この映画の企画と総指揮がフランキー堺さんなんです。写楽の研究家として本も書かれてて、代表作『幕末太陽傳』（1957年）の川島雄三監督が写楽をテーマにした映画を企画しながら早くに亡くなって、フランキーさんがこの企画を内田吐夢《とむ》監督に持ちこんだら内田監督も亡くなって、ゴルフでいっしょになった篠田監督に話してようやく実現したんだそうです。

そういえばフランキーさんと真田さん、『写楽』の４年前の大河『太平記』で共演してるんですよね。真田さんが主人公の足利尊氏、フランキーさんは長崎円喜《えんき》。執権・北条高時の政権でありながら、鎌倉幕府の要職を独り占め&世襲にして高時以上の力を持っていた人です。その北条高時が片岡鶴太郎さんです。鶴太郎さんにそのことでメール入れたら、「ああ、懐かしいな、それ」。「これって『太平記』の前ですか」って聞いたら、「後だなぁ」っておっしゃってましたけどね。で、「高時の息子の時行が、勢力として足利と戦えるぐらい、もう1回北条の力を取り戻すぐらいすごくて……」と伝えたんですけど、鶴太郎さん、それには興味なさそうで、お返事はなし（笑）。

ちょうどこの『写楽』が日本アカデミー賞で優秀作品賞を獲ったときの授賞式（1996年3月）、最初で最後でしょうけど、ボクも出席したんですよ。ボクが木村拓哉さん、反町隆史さんや唐沢寿明さんとかと、なぜか飛行機乗り役で出していただいた『君を忘れない』（1995年）という映画が、「オールナイトニッポン」リスナーが選ぶ日本アカデミー賞の話題賞を獲ったからなんです。

会場にはフランキーさんが出席しておられて、ニコニコしながらボクに「ああ、観てるよ」って言われたのが嬉しかった。「大映『ポニー・テールは、ふり向かない』（1985年）の伊藤かずえさんのお父さん役を観てました」って言ったら、「ああ、そう」「まあ、嬉しいね」なんて。わあって思いましたよ。

本当は怖い方だと聞いていたんですけど、一瞬、その場に朗らかな空気が流れました。その年のうちにお亡くなりになったので、今思うと、話ができたこと自体が貴重でしたね。最近になって、『幕末太陽傳』を何度も観ました。こんな名作があったんだって感動しましたよ。もっとそういう話ができたらよかったなと思います。

緒形拳・北斎と西田敏行・馬琴、晩年のコント

もう一つ、フランキーさんが出ている蔦重絡みの映画に『北斎漫画』（1981年、

新藤兼人監督）があります。主演が緒形拳さんで後に**葛飾北斎**役となる鉄蔵役。鉄蔵と仲のいい**曲亭（滝沢）馬琴**役が亡くなった西田敏行さん。宍戸錠《ししどじょう》さんが**十返舎一九**《じっぺんしゃいっく》で、愛川欽也さんが歌麿。北斎、馬琴、一九の三人は、全員が若い頃に蔦重の下《もと》にいました。田中裕子さんが北斎の娘のお栄役でしたね。蔦重役は大塚国夫さんで、フランキーさんは裕福な中島伊勢という架空の版元でした。

ボクが中学2年のときにやってた作品ですが、面白かったな。最近観た後で西田さんにちょっとメール入れたんです。「西田さん、出てますね」って。そうしたら、「田中裕子さんが『ジュリー（沢田研二さん）のファンなのよ』『ジュリーが好きだ』ってしきりに言ってて、ひょっとしたらと思ってたら、本当にジュリーと結婚したっていうからびっくりした」って言ってました。

『北斎漫画』のロケは公開前年の１９８０年でしょうから、田中さんが『おしん』（１９８３〜１９８４年、ＮＨＫ）に出るよりずっと前ですね。ジュリーさんと式を挙げたのは、ずっと後の１９８９（平成元）年でした。

映画の中では、田中さんはだんだん年を取って、北斎の世話をしながらおばあさんになっていってるけど、裸になるときれいでしたね。ソフトバンクCMのお母さん役が長い樋口可南子さんは、一人二役。蛸《たこ》とからむ北斎の有名な春画をそのまんま再現したシーンは、肌がすごくきれいでもう興奮しましたよ。年を取った晩年の緒形さんの北斎と、西田さんの馬琴のかけ合いは、コントみたいでしたね。

蔦重を取り巻く美女たち～花魁、新造、禿……

さて、蔦重は生まれも育ちも遊郭・吉原です。『べらぼう』では色んな意味で、吉原がすごく大きなウェイトを占めるはずです。キャスティングを見ても、吉原に関わる人が大勢いますね。

やっぱり気になるのが遊女たちですね。花魁、太夫《たゆう》、呼び出しといった高級遊女から中級の新造《しんぞう》、見習いの禿《かむろ》まで遊女も様々ですが、『光る君へ』の平安女性と同様、衣装いでたちでどーんと見せてもらいましょう。

小芝風花さん、きれいですね。小芝さんが演じるのが、吉原の老舗《しにせ》の妓楼《ぎろう》「松葉屋」

の伝説の遊女・**瀬川**。襲名前の名は花の井です。実在の遊女でして、当時１４００両（約1億円超！）で落籍《らくせき》されるんですが、その後は悲劇的な運命をたどります。小芝さん、これはいい役ですね。

親に〝捨てられ〟て、吉原で育ったという境遇が蔦重と似ている〝幼なじみ〟で、何でも話せる良き相談相手。でも、最後まで蔦重と一緒にいるわけじゃないのか……。

ただ、ドラマではこういうパートナーが大事。『光る君へ』でも、道長の正室は黒木華《はる》さんの倫子、第二夫人が瀧内公美さんの源明子。でも、心が通じ合う本当のサポーターは吉高由里子さんのまひろなんですよ。やっぱり正式じゃないパートナーのほうがドラマの鍵になります。そういう役回りは、奥さんだと難しいと思うんです。『真田丸』（２０１６年）で言えば、真田信繁の正室で松岡茉優《まゆ》さん演じる竹林院、ではなく長澤まさみさんがカギでした。『鎌倉殿の13人』でも、すぐいなくなりそうな役柄の八重姫を新垣結衣《ゆい》さんがやるってことは……と思ったら、やっぱり前半の義時との関わりがドラマ上大きかった。今回の小芝風花さんも相当重要な配役でしょうね。

意次の〝右腕〟に1億円超で落籍された花魁・誰袖

蔦重に片思いする実在の花魁・**誰袖《たがそで》**を演じるのが福原遥さん。事務所、研音なんですね。ボクは中森明菜さんのファンクラブに入ってましたから、当時の事務所の住所をソラで言えますよ。朝ドラ『舞いあがれ！』（2022年後期）、『正直不動産』（シーズン1：2022年、シーズン2：2024年）とNHKづいてますね。松葉屋、扇屋といった老舗妓楼を追う新興勢力・大文字屋《だいもんじや》（伊藤淳史さんが主《あるじ》ですね）の遊女です。振袖新造——禿から上がりたての若い遊女——の頃の名は「かをり」ですね。

後々、吉原を代表する花魁となって老中・田沼意次の右腕の勘定組頭・**土山宗次郎**に1200両で身請けします。千数百両が大物の落籍の相場なんでしょうかね。ところが、後々その金の出どころにとある疑惑が生まれて、意次も吉原も、蔦重と誰袖の人生も大揺れするんです。

『べらぼう』の主人公とその周辺は、ほぼほぼ一般庶民。ですからより生活者の目線の、花魁行列だとか、江戸の町の祭の熱気が重く見られることになりそう。どういうふうに描くのか楽しみですね。

でも、１年続く大河ドラマですから、その時代の政治とか世の中の流れがちゃんとわかるように、上の権力者の世界をキャスティングして二元中継しなきゃなりません。が、そもそも上と下々とで何も接点がないと、２つのドラマに分裂しちゃいます。ですから、縦横無尽に下まで降りてきて接点を作ってくれる土山のようなキャラは貴重ですよ。この疑惑は実際にあった事件なので、ドラマとどう抱き合わせるのかが楽しみです。

誰袖のいる大文字屋の主は、とことんケチなんですねえ。経費節減のために、遊女たちにカボチャばかり食わせていたから、あだ名が「カボチャ」。怒った女性たちが陰で呼ぶあだ名って、情け容赦が無いですから。演じる伊藤淳史さん、『24時間テレビ47』スペシャルドラマ『欽ちゃんのスミちゃん～萩本欽一を愛した女性～』（２０２４年）では欽ちゃん本人の役をやってました。

昔、日テレ『ゴールデンボーイズ　１９６０笑売人ブルース』（１９９３年）では、小堺一機《かずき》さんが欽ちゃんで奥さん役が財前直見さん。すごく面白かった。30年以上経って、今度は伊藤さんが演じるのを見るのは感慨深いですねえ。

映画『吉原炎上』から三十数年ぶりに……

もっとも、吉原で最高位の花魁にのし上がれる瀬川や誰袖といった遊女はごく一握り。あとは独特のピラミッド型のランクのどこかにあたるわけです。その一番下、河《か》岸見世《しみせ》と呼ばれてる格式の低い遊女屋は、吉原の四方を囲む「お歯黒どぶ」に沿って立ち並んでいるんです。そんな貧しくて行き場のない下層遊女たちのよりどころ、二文字屋という妓楼の女将・**きく**が、かたせ梨乃さん。元遊女から女将って、かなりの出世じゃないでしょうか？　かたせさん、日テレ『11PM』（1965〜1990年）の元カバーガールでしたから、スタイルがすごいですよ。「胸が重たいから、いったんテーブルに置いてからごはん食べる」って言っておられました（笑）。

吉原の遊女たちを初めて本格的に取り上げた映画と言われた東映『吉原炎上』（1987年、五社英雄監督）では、一度所帯を持つけど、夫を寝取られて身を落とした河岸見世の長屋女郎を演じておられました。『べらぼう』出演を受けて、「私の中で眠っていた吉原の色と匂いが蘇りました」とおっしゃってましたね。

コロッケさんは「ものまね界の蔦重」？

ちょっと注目したいのが、片岡愛之助さんが演じる**鱗形屋孫兵衛**《うろこがたやまごべえ》。まだ若い流星さんの蔦重が、最初に修業する版元です。大物浮世絵師を紹介したりして、蔦重の面倒をよく見るんだけど、気が付いたら自分の強大なライバルを育ててることに気付いちゃう……みたいな。そこから独立した蔦重に大きく引き離されるんです。

黄表紙っていう、今でいうマンガとかアニメみたいな媒体の端初を作ったのは孫兵衛ですけど、それを大きく発展させ、ベストセラーを連発したのが蔦重だったんです。「孫兵衛がつき、孫兵衛がこねた黄表紙を、座りしままに食らうは蔦重」って感じでしょうか。『鎌倉殿の13人』（２０２２年）でも、主人公で小栗旬さんが演じる北条義時の兄・宗時が愛之助さんでしたね。源頼朝を奉じての旗揚げの先頭に立ちながらあえなく殺し屋・善児に殺され、義時が世に出るきっかけを作ってました。

ものまねの世界でいうと、芸能界で最初にものまねをやった人もいるでしょうけど、それを練りに練って、しっかりした芸として初めて見せたのがコロッケさん。蔦重はそういうコロッケさんみたいな総仕上げをする人じゃないでしょうか。

『べらぼう』と『写楽』両方に出ているのは

六平直政《むさかなおまさ》さん、ボクらロッペイさん、ロッペイさんって呼んでるんですけど、ロッペイさんも出るんですね。吉原にある蔦重の水茶屋の向かいにある蕎麦《そば》屋の主・**半次郎**です。蔦重を小さい頃から見守っていた、という設定。野暮《やぼ》を嫌う江戸っ子らしい役柄です。江戸っ子はみんな、「野暮なこと言うんじゃねえよ」ってね。蔦重は蕎麦を食べながら、半次郎に色々相談する。「毎回の楽しみになるとよいと思います」って、二人はなんかいい関係なんですね。

ロッペイさん、実はさっきお話しした映画『写楽』にも出ておられるんですよ。歌舞伎作者の鶴屋南北役として。『写楽』と『べらぼう』両方出てる人って、他にいないんじゃないですかね。何だかロッペイさんらしいですねぇ。そうそう、『写楽』のほうは、片岡鶴太郎さんが十返舎一九役です。

五代目坂東八十助さんは松平定信役、五代目中村富十郎さんは市川團十郎役で出てます。

もし中村勘三郎さんが御存命だったら、『べらぼう』で、何か歌舞伎と関わりのある役に出ておられてたかも。お仕事を何度かご一緒させていただきましたけど、やっぱり魅力的でした。ロケ地に行っても、ラジオのトークでも、サービス精神の塊のような人でしたね。まあ喋る喋る（笑）。

こないだ、ロッペイさんから電話がかかってきて、「『写楽』見てます」って言ったら、「ああ」って、「ずいぶん前だなぁ」。「どじょうの店に行くけど、食べに来るか」て誘っていただいたんですけど、ちょっとボク、行きたかったけど、行けなかったんです。「どじょうを食べる」なんて、江戸時代にタイムトラベルした気分が味わえそうですよね。

おしんと加代に重なる？　蔦重と次郎兵衛

蔦重は生みの親と生き別れたという設定。育ての親は、吉原の引き手茶屋――お客に遊女を紹介する場所――の**駿河屋**《するがや》です。演じるのは高橋克実さんで、蔦重を養子として育てます。その駿河屋の実の子、**次郎兵衛**が中村蒼《あおい》さん。蔦重の義理のお兄さんです。

遊びに熱心な放蕩息子……こういう設定は、何かと揉めそうですね。商売の才能のある蔦重と比べられるし、その二人を見る駿河屋は出来の悪い我が子のほうがかわいくて……とか。『おしん』でも、おしんが奉公した加賀屋の娘の加代は、あまり芳《かんば》しくない人生でしたもんね。

加賀屋の女将はおしんに勉強を教えて、結局おしんは成功しますから。加代はいたずらやいじめばっかり、「おしんばっかりなぜ」って、なんか最後はかわいそうな感じもしました。

でも、次郎兵衛はそういう細かなことを気にしない、呑気な人なんでしょうか、放蕩息子ってそういうことなんですかね。それに飯島直子さんが出るんですね。駿河屋の女将のふじってことは、蔦重の義理の母ですね。ボクと歳が一緒なんですよ。とてもそうは見えません。綺麗ですよねえ。

大きくイメチェンする？　田沼「ワイロ」意次

田沼意次が大河ドラマに登場するのは、小林健さんが若い頃を演じた『八代将軍吉宗』に続いて2度目です。歴史好きじゃないと、学校の授業でしか名前を聞いたことのない人だと思いますけど、いいイメージが全くないんですよね。ボクらの中学校の先生みたいに、「享保の改革をやった吉宗はいい人、意次は悪い人」みたいなね。

プラス松平定信の寛政の改革がいいことだって言うけど、タレントとか演者にとっては、意次のほうがいいですよ。後で詳しくお話ししますけど、蔦重みたいに家とかお金を半分よこせとか言われたら、やる気なくなりますからね。

しかし『べらぼう』では、意次に渡辺謙さんをキャスティングすることによって、イメージアップしていくんじゃないかと思います。

意次は父親が紀州藩の足軽だった人ですし、また病弱な家重の話し相手にもなった。田中角栄さんじゃないですが、下からはい上がって、破竹《はちく》の勢いで出世する人というのは、だいたい心配りに長《た》けた優しい人ですし、やはり人間的にすごくいい方。困った人の面倒を見ているっていうのは非常に大きいなと思いますよね。

では次の章から、まず蔦重本人の半生を、時間を追ってお話ししていきますね。

第2章

本屋から辣腕プロデューサーへ
～若き日の蔦重～

蔦重の原点は遊郭・吉原

優れた商人であり、名プロデューサー

蔦重は１７５０（寛延３）年1月7日、江戸の吉原で生まれました。江戸の大物文化人で狂歌師・**大田南畝**《なんぼ》が書いた蔦重の墓碑によると、お母さんの広瀬津与《つよ》が「蔦重が成功したのは母親のおかげ」ってくらいの女性だったそうですが、７歳のときに両親が離婚、蔦屋っていう名前のお茶屋さんに養子に入りました。ここ、『べらぼう』では名前を駿河屋――主が高橋克実さん、妻のふじが飯島直子さん――に変えてますね。

今、蔦重は江戸文化の名プロデューサーっていう言い方をよくされています。今の小説や漫画に当たる洒落本《しゃれぼん》、黄表紙の売れっ子作家をつかまえ、オトして版権を独占して書かせたり、錦絵や浮世絵でいろんな企画を立ち上げてアイデアを練って、才能を持った絵師を抜擢して「こいつにこれやらせたらおもしれえ」と美人画や役者絵を描かせたりして次々とヒットさせ、大儲けしたんです。

昭和、平成には色んな流行の「仕掛け人」とか言って、広告代理店の人なんかにス

ポットライトが当たっていましたよね。ああいった人たちのご先祖さんとか先輩みたいな人じゃないかと思います。

もっとも、蔦重にはたくさんの顔がありましてね、単にアイデア一つで世の中をうまいこと渡っていったっていう人じゃありません。それ以前に優れたあきんど、商人なんですね。がっちりした稼ぎがあって、その土台の上でド派手なことを次々とブチ上げたんです。

まず、手堅い貸本屋からスタート

若い蔦重がまず何の商売から手を付けたかと言うと、貸本屋なんです。今の人が想像するのとはちょっと違って、書棚のずらりとならんだお店に借り手が訪ねてくるのではなく、業者が風呂敷か何かで包んだ本を抱えて、お得意さん宅に出向いて届けてたんですね。

ＴＳＵＴＡＹＡだからレンタルってわけじゃなくて、あの頃はあらゆるもの、例えば鍋とか釜とかの調理道具や掛け軸、晴れ着や羽織なんかもみんな損料屋《そんりょうや》さん――江戸時代のレンタル屋です――からの借り物ですませてたんです。江戸はやっぱり火事が名物って言うくらいですから、誰もが焼け出される危険と隣り合わせ。ですから、必要なときだけ借りればいいや、というのが当時の感覚だったんでしょう。

本も同じで、安くはなかったんです。蔦重の時代より１００年くらい前、元禄時代に出た井原西鶴『好色一代男』なんかは、１部が今で言えば何千円もしたそうですから、一般庶民ではなかなか手に入りませんし、火事で燃えちゃったらおしまいです。じゃあ書き写そうかといってもコピー機もない。全部書き写すようなヒマもないし、めんどくさい。借りるのが一番割がいいわけです。

しかも、貸本屋は江戸中にありました。蔦重が亡くなったちょっと後の１８００年代初め頃には、貸本屋の組合が12もあって、６５０人以上の貸本業者がいたそうです。しかも一つ一つの業者にはお得意さんが百数十軒。読者は江戸全体で何と約10万人！もいたんだそうです。最初に本をそろえるのにちょっと元手がかかりそうですが、まあ手堅い商売だったんですね。

ボクの若い頃は、貸しレコード屋さんが流行りました。エイベックスの松浦勝人元会長は、昔横浜の貸しレコード屋でバイトしてたそうですね。後に浜崎あゆみをプロデュースして大ブレイクさせて。ボクが『ツインズ教師』（1993年）で理科教師役をやった時は、まだ浜崎〝くるみ〟っていう名前で生徒役でした。「変身させる人」でしたね、松浦さんは。偉くなる人は、早いうちから好きなことで食べてるんですねえ。

吉原の入り口の「ガイドブック」販売でデビュー

で、蔦重は1772（安永元）年、23歳で吉原大門口の五十間道の左側に「耕書堂」っていう書店を開くんです。今の住所だと台東区千束《せんぞく》だそうですね。そしてそこで、日本橋――今の大伝馬町あたり――の地本問屋「鱗形屋《うろこがた》」が手がけていた吉原のガイドブック『吉原細見《よしわらさいけん》』を売り始めます。吉原の入り口でガイドブック。新宿・歌舞伎町の入り口で風俗情報誌を売る感じでしょうか。

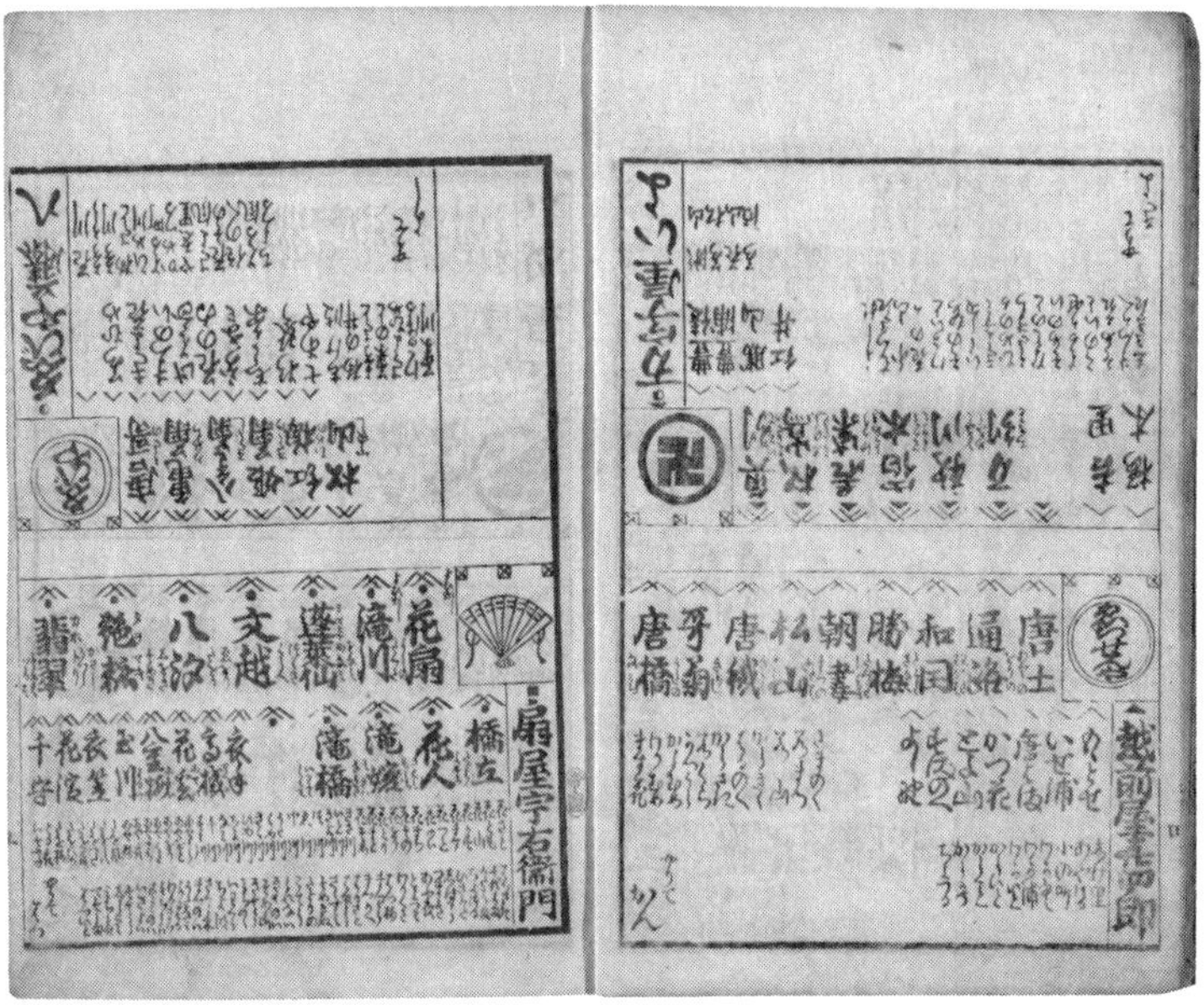

蔦屋重三郎『吉原細見』（1795）
国立国会図書館デジタルコレクション https://dl.ndl.go.jp/pid/2539846

『細見』には吉原の妓楼と、何というか遊女名鑑って言うんでしょうかね、そこにいる遊女たちの名前が細かく書かれています。もちろん写真はついてませんが、新しいのを正月、7月と年に2回出していました。吉原に出入りする人には必須のアイテムで、ここに来る人がいなくならない限り売れ続けるんですからおいしい商売ですよね。

その『細見』を、蔦重はただ売るだけじゃなくて、中身の編集作業もやっていました。吉原での地縁・血縁をフル回転させて、あちこちを取材して最新の情報を手に入れたり、冊子のデザインのアイデアを考えたり……。

ボクがまだ若かった90年代は『ナイタイマガジン』とか『シティプレス』とかその類似雑誌は、風俗店の現場に行かなくても、コンビニで売ってましたよ。今では信じられないかもしれないですけど。買ってページを開いて、「あ、きれいだな」「この人に会えるんだ」ってパッと行ってみる。ありがたいですよ。

アイドル誌とか『FRIDAY』、『FLASH』のカラーグラビアだと、そこに出てる子、例えば綾瀬はるかさんには会えませんから。『細見』のいいところは、情報源としてはもちろんですし、行って会えるっていうところでしょうね。お金を貯めたらプレイできるっていうか。「お帰りなさいませ」っていう秋葉原の、ああいうウエイトレスの格好をしたお店の女の子の名前が書いてある感じ。女の人の情報を買って会いに行く男って、昔から変わってないんですね。え？　ボクのことですか？

蔦重の師を務めるのは片岡愛之助さん

この頃の鱗形屋を経営してたのは、3代目鱗形屋孫兵衛。もうお話しした通り、演じるのは片岡愛之助さんですね。蔦重流星は、出版という商売の基礎をこの大先輩を見て学んでいくわけです。

鱗形屋は当時、江戸でナンバーワンの地本問屋《じほんどいや》でした。地本っていうのは、例えば遊郭でのゴシップですとかオシャレな――イキな――遊び方が書いてある洒落本とか、挿絵入りの小説のような草双紙《くさぞうし》、それに浮世絵など、江戸で出版された普通の庶民の人たちが気楽に読める書物です（後でお話ししますが、教科書とか実用書などのマジメな本は往来物《おうらいもの》って呼ばれてました）。

最初は京都の「八文字屋自笑」という版元の浮世草子――恋愛ものとか人情ものとか――のヒット作を江戸で独占販売する権利をもらって稼いでたんですが、そのうちオリジナルの作品もどんどん出していったほか、いい初夢を見るために枕の下に敷く宝船の版画をバカ売れさせたりと、なかなかのヒットメーカーだったんですね。

孫兵衛が手掛けたので最もヒットしたのが、1775（安永4）年に出した『金々《きんきん》先生栄花夢《せんせいえいがのゆめ》』という草双紙。これが「黄表紙」という江戸時代の新しいジャンルを生んだ画期的な本だったんです。主人公の名前が金村屋金兵衛。松村松兵衛なら〝松々先生〟になりますね。あ、ウチの先祖の名前です。

貧乏な若者が出世を目指して江戸に向かう矢先、茶店で居眠りした夢の中でひょんなことから大金持ちになるけど財産を使い果たしてまた貧乏に……というところで目が覚めて、「人間の栄華もはかないもの」と悟って江戸には行かず実家に帰っていく……というのが大まかなストーリー。確か芥川龍之介の『杜子春』でしたっけ？　あれとちょっと似てますよね。元ネタは同じ中国の古典です。

後で詳しくお話ししますが、作者は**恋川春町**という戯作者です。浮世絵師もやってたんですが、実は本名が倉橋格《いたる》、駿河小島藩の年寄本役っていう藩の重役でした。この頃の作家さんには、武士、しかも幕府や各藩でかなり偉い地位についている人がけっこういたんですよ。その一人である春町は、後々蔦重と同じく世の中を揺るがす大事

恋川春町（作・画）『金々先生栄花夢：2巻』（1775）
国立国会図書館デジタルコレクション（ https://dl.ndl.go.jp/pid/2537596）

件に巻き込まれることになります。

『金々先生』をきっかけに、黄表紙のブームはすごい勢いで江戸中に広がりました。春町と並ぶもう一人のトップスターが、春町とは昔から仲が良かった**朋《ほう》誠《せい》堂《どう》喜《き》三《さん》二《じ》**——尾美としのりさんが演じます——でした。喜三二と春町の二人を抱えた鱗形屋が、鶴屋、伊勢屋、岩戸屋といった他の版元をぶっちぎってトップ版元に。鱗形屋以外の版元も、負けじと有望新人をバンバン登場させて後を追ってきました。その中に、鶴屋からデビューして後々蔦重とがっちりタッグを組むことになる**山東京伝**もいました。

遊女評判記で鮮烈な出版デビュー

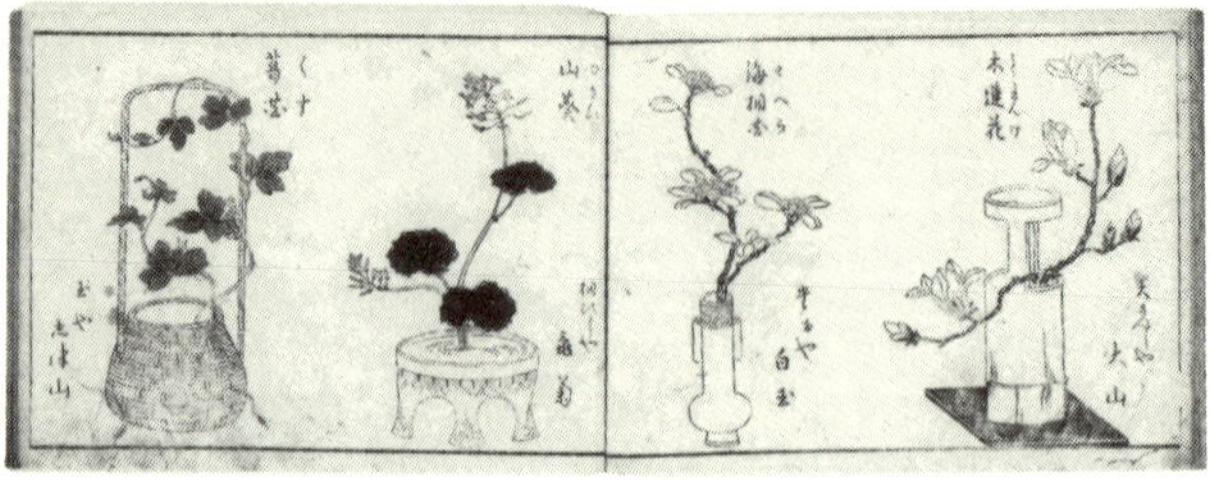

紅塵陌人（作）、北尾重政（画）『一目千本』（1774）
大阪大学附属図書館所蔵
国書データベース　（https://doi.org/10.20730/100080738）

言ってみれば鱗形屋の系列の販売会社に入った蔦重は、翌年、早くも自分で版元業——つまり本なんかの出版ですね——を始めるんです。出店したばかりの7月、記念すべき処女作である遊女評判記『一《ひと》目《め》千本《せんぼん》』を発行します。

別名『華すまひ』。上下2巻、全体で約70ページの冊子で、題名は「ひと目で千本の花を見ることができますぜ」っていう意味で、吉原の遊女たちを生け花に見立てて紹介・評価しています。華すまひっていうのは花相撲。つまり遊女たちを花に例えてお互いを競わせてるんです。妓楼——女郎屋ですね——とそこに在籍している遊女の名前だけの『細見』とはひと味もふた味も違いますよ、と。

しかも、花の絵を描いているのが、当時の浮世絵界の重鎮だった**北尾重政**です。20代の若いもんの一発目にしてはでき過ぎのラインアップですけど、重政もルーキーがいきなり起用できるレベルの人じゃなかったから、たぶん孫兵衛が紹介してバックアップさせたんじゃないかと言われてます。重政はその後もブレーンとして、蔦重のビジネスの大発展の大きな助けになっていくんです。

余談ですけど、蔦重はこの生け花の版木――絵具を塗って印刷する木版です――を、華道の入門書を作るときにちゃっかり流用してるんですよ。生け花をやる人と、遊女の豪華本を見る人とはまずカブることはないでしょうから、「これ、絵がおんなじじゃねえかよ」と文句を言いに来る奴はいねえだろう、というわけです。もちろん、重政にはちゃんと断ってると思います。

さて、そのイケイケ蔦重、その翌年に何と、『吉原細見』を自分で編集から印刷までして売り始めたんです。蔦重版『細見』の誕生ですよ。あれ？　そうすると鱗形屋でいっしょに作ってたやつはどうなるのでしょうか？　この時代だってパクリはダメですよね。ケンカでもしたんでしょうか？　……とあれこれ疑問は湧いてきますが、いったいどうしたんでしょうね？

「クダラナイ」という言葉はどこからきたか

ここでちょっとお話が脇道にそれます。もともと日本の出版物って、京都から始まってるんです。江戸時代の初めのほうではもっぱら京都とか大坂から出されていて、出版物の点数も江戸よりはるかに多かったんですね。

学校で習った「江戸文化」でも、前半の元禄時代だと『好色一代男』の井原西鶴は大坂、『国性爺合戦《こくせんやがっせん》』の近松門左衛門は京都が活躍の場でしたからね。江戸時代が町人の時代と言っても、この頃は江戸じゃなくて上方の豪商や町人が文化を支えていたんですよ。

ですから、いくら武士が天下を取った、幕府を開いたと言っても、関東の大湿地帯をどうにか工事した出来たての江戸という街は、大都市といえども、京の都から見れば、田舎から来たがさつな新参者たちが集まるヘキ地だったんです。

逆に江戸の住民からすれば、京の都はやっぱり都でして、文化の中心だったことに変わりはなくて、憧れの目で見られていました。江戸の版元が出していた「地本」の「地」って、実は地酒の地と同じ。その土地オリジナルのもの、と言うか、地方のものっていう意味だったんです。つまりイナカで売ってる本っていう、コンプレックス混じりの言い回しだったんですね。

都のほうが上っていう意味では、京都から他の土地に売られていく洗練された品物を「下りもの」と呼び、「下らない」つまり「上方から来たものではない」ものを「登《のぼ》せもの」と読んでいた……ということで、「下らない」という言葉が粗悪品とかアホくさいとかいう意味を持つようになったのは、実はそこが理由だったそうです。

江戸の出版が京都・大坂を逆転した！

少し前の時代のお話ですけど、徳川吉宗が享保の改革をやった1722（享保7）年、出版を取り締まる法律（出版条令）ができたんです。いちおう中身を書いておきますね。

第一条　典拠不明の勝手な新説の禁止
第二条　エロ本はダメ
第三条　人々の家系等に関する憶説を書いちゃダメ
第四条　出版物の最後には、必ず作者名と版元（出版社）名を入れろ
第五条　徳川家・幕府に関することを一切書いちゃダメ

幕府はその後も出版取り締まりの命令をいろいろ出すんですが、そんなときにどうしたかというと、出版や書店の「書物問屋仲間」っていう業者の組合みたいな組織とそこを仕切る行司に命じて、命令を仲間内で念入りに守らせようとしたんですね。

その頃には出版がどんどん盛んになっていった時代で、同時に海賊版なんかもよく出回るようになっていたので、出版業者どうしで他の業者とまったく同じ書物や類似品を作る（重板、類板と言ってました）のを、お互い見張りながら禁止しよう、ということになって、まず京都、その後に大坂、江戸の業者どうしがいくつも書物問屋仲間を作っていきました。それが出版物をまとめて取り締まるのに便利だからってことで、幕府は享保年間にそれらを公認していったんです。

で、１７５０（寛延３）年、その京都の本屋仲間――京都・大坂では書物問屋仲間をこう呼んでいました――と江戸の書物問屋仲間との間で大ゲンカが始まりました。江戸サイドが「そっちが作った冊子の重板がＮＧなのはまあしゃーないが、類板はＯＫにしてくれよ」と京都サイドに要求したんです。

さっきお話ししたように、当時の出版界は京都サイドが圧倒的に強くて、江戸の書物問屋仲間のいくつかは京都の大手が仕切っていました。しかも江戸で出回っていた出版物は大半が京都で印刷されたもの。まだオリジナルの出版物で勝負できるだけの力が江戸サイドにはなかったんですね。

これは裁判沙汰になって、結局京都サイドが勝つんですけど、この寛延年間の頃から江戸の出版界がすごい勢いで伸びていくんです。江戸の人口がそれまでに約100万人超に爆増してた、とか、「てやんでえ」と江戸っ子版元のハートに火が付いた、とか何とか色んな理由がありそうですけど、ともかくその後の宝暦・明和・安永の間に京都・大坂と同じくらいの点数の出版物を出すようになりまして、蔦重が独立した1775（安永4）年前後には京都・大坂の合計を一気に追い越します。

その後1782（天明2）年から1787（天明7）年にかけて起こった天明の飢饉の間はいったん下がるんですが、飢饉が落ち着いた後の寛政・文化年間にはもう京都・大坂の2倍以上と圧倒的な数の出版物が、江戸に溢れかえるようになりました。

そして出版の世界に一人で飛び出して起業して、この江戸の出版業界がものすごく伸びたときの強力なエンジンになったのが、何を隠そう蔦重だったんです。

遊郭ネットワークを築いた「貸本屋」ビジネス

さて、お話をもとに戻しますね。蔦重がいきなり孫兵衛を裏切った。なぜそんなことをしたのか。これには蔦重が貸本業の何をどう活用したのかってところと、今、お話ししたばかりの江戸と上方の出版業界の上下関係にもちょっとだけ関わってくるんです。

江戸時代、武家から商家からありとあらゆる人たちが本を読んでました。蔦重は貸本屋としてそういう色んなお客さんのところに、貸す本を抱えてしょっちゅう通ってたわけです。わざわざ来てくれたら、楽ですもんね。貸すんじゃなくて売るほうですけど、八百屋さんの御用聞きってすごいですよね。「何かありませんか」ってね。

ボクの田舎の山口県・田布施《たぶせ》は、魚屋さんが近所に売りに来てました。いい家は魚をバイクでブーンって、ウーバーイーツみたいに。隣の家が魚を注文してるのは、バイクの音でわかりました。いいやつ頼んでんだな、とか。山伏のような格好で海苔《のり》を売りに来る人もいました。日曜日になったら海産物を売りに来るおばさん。急な坂道を通って、うちなんかにも売りに来てましたけどね。

蔦重の場合、貸本屋のお客さんの中には、吉原のお茶屋や妓楼、そこにいる遊女なんかが少なくなかったんです。彼ら彼女らは、本をよく読んだそうですよ。銀座の高級クラブみたいにお客さんとの話題作りのためとか、そもそも読書好きだった子もいたんでしょう。

人間は親しく喋っていくうちに、余計なことをポロッと言ってくれますから、ずっと親しくしていれば、かなり立ち入った遊郭の情報も入れることができるわけです。人気の遊女が最近何してるとか、どこどこの妓楼に誰が出入りしてるとか、今、どの遊女に人気があるか、昨晩どこどこの妓楼で誰と誰が酔っぱらってケンカした、とかでしょうかね。今でいえば芸能界、タレントやアイドル、モデルとかの裏ネタを集められるわけです。

それに吉原の人たちが一目置く偉い人とか、格式の高い妓楼の経営者とか、お金も力も持っている人が貸本のお客さんになったり、親しくなった人からの紹介でお知り合いになっていったんじゃないでしょうかね。

小さい頃からの交遊関係や親戚筋のネットワークで、もともと吉原は顔が利いた場所のはずですけど、それがさらにパワーアップされて、深い情報が入ってくるようになっていったんでしょう。ここで培《つちか》った吉原人脈と情報収集力が、後々モノを言うようになるわけです。

無断でパクリ本を……鱗形屋の一大スキャンダル

そして一番大きかったのは、鱗形屋がやらかした大スキャンダルでした。初代から数えて100年くらい繁盛していた老舗の鱗形屋が、命取りになるようなことをやってしまったんです。『金々先生』大ヒットと同じ1775（安永4）年のことでした。

鱗形屋の手代——番頭さんと下っ端の小僧の間くらいでしょうか——が、大坂の版元が出した冊子を、その版元に無断で、題名を変えて自分のところで印刷して売ってしまったんです。今でいう著作権の侵害ですね。孫兵衛は部下がこんなことをしてたなんて、知らなかったんじゃないかな。その手代は厳罰を食らって、鱗形屋は地本問屋としての信用を大きく落としてしまいます。

しかし「機を見るに敏《びん》」とか「生き馬の目を抜く」ってこういうことを言うんでしょうかね。蔦重はこのタイミングを突いて――たぶん孫兵衛に黙って――自前で『吉原細見』の出版を始めてしまうんです。蔦重はこのとき数えで26歳。もう自分だけでやっていけるだけの冊子を作るノウハウとか経験とか、吉原情報のネットワークも出来上がっていたんでしょうね。もしかしたら、隙あらば……とじっとチャンスを狙って準備していたのかもしれません。

『細見』は、しばらくは蔦重版と鱗形屋版とが、『ナイタイ』と『夜遊び天国』みたいに競合して売られてたんですが、蔦重は『細見』をリニューアルします。小ぶりだったのを大判にして、中身は逆にレイアウトを変えて情報を詰め込んで、印刷の経費を切り詰めたんだそうです。自分の店で売りながら、パラパラめくってみて「オレならこう作る」とか、あれこれ考えてたんでしょうね。

そういう工夫が効いたんでしょう、鱗形屋のとは売れる数で段々と差がついていって、結局蔦重のほうが生き残ります。『細見』という吉原ガイドブックは、蔦重の独占となったわけです。これは大きかったですね。

孫兵衛も、蔦重による処女作『一目千本』の出版でも重政のような大物を紹介したりしてバックアップしてやったくらいですから、蔦重という若造が気に入ってたんだと思います。それだけ仕事がデキて、魅力のある男だったんでしょう。

その蔦重に出し抜かれた格好になったわけですから、孫兵衛も腸《はらわた》が煮えくり返ったでしょうね。NHK的には、若い頃の蔦重にとって「本屋商売の〝師〟であり、業界最大の〝敵〟」ですから、ここから敵対関係になるんだと思います。

愛之助さんが流星さんに「この裏切りもんが！」と怒鳴りつけるか、「オレのシカバネを越えていけ」とゲキを飛ばすのか、「フフフ、なかなかやるじゃねえか」と不敵に笑うシーンがあるのかはわかりませんけど、それでも孫兵衛にとってはある意味自業自得だったのがつらいところ。ここから鱗形屋はどんどん傾いていきます。

出版プロデューサーとしての才能が開花

蔦屋重三郎

遊郭内のお店の広告をページに入れる

さて、こうして本の編集・製本と書店販売を全て自前で行うことになった蔦重ですが、彼が手がけることになる出版物は、鱗形屋をはじめとした他の版元とはひと味違ってました。

蔦重版『吉原細見』と鱗形屋版との大きな違いが「広告」でした。ネット、テレビや新聞、ラジオ、雑誌などマスメディアに広告は付き物ですけど、鱗形屋版には自分で売ってる地本の広告があります。

それに対して、蔦重版『吉原細見』には吉原名物の酔い醒ましの薬「袖の梅」とか、「最中の月」っていう、これまた吉原の遊郭内で売ってるセンベイみたいなお菓子の広告が載ってるんですよ。ボクらの舞台やライブなんかでも、「チラシに広告出してくれ」「ちょっと2万円お願いしますよ」みたいにスポンサーを付けますけど、それと同じですね。

もちろん、手掛けた出版ビジネスがもっと大きくなってからは、自分のところで出した戯作本や狂歌本の名前をずらっと並べて宣伝してますけどね。

つまり、蔦重版『吉原細見』はただ単純に遊女の名前を正しく記録しておくだけじゃなくて、吉原っていう遊郭そのものと妓楼や遊女たち、さらに吉原に関わる色んな業者さんたちを、吉原に来る外のお客さんたちに大々的にＰＲする冊子にしていったんですね。

言ってみれば、自分が育った場であり、その地縁と血縁も手伝って自分で太いネットワークを作り上げた吉原の宣伝マン、ＰＲ担当になっていったわけです。

これは、処女作『一目千本』もそんな感じです。遊女たちの似顔絵じゃなくて、彼女たちを生け花の色んな花に例えて、それぞれの花の絵を大物絵師・北尾重政に描かせたすごくぜいたくな作り（当時は生け花が大流行していたそうです）。それじゃガイドブックにならないじゃん、というのは当然で、蔦重の書店の店先で売るんじゃなくて、お茶屋や妓楼、遊女がお得意さんに贈り物として渡してたんだそうです。

だから、お茶屋、妓楼や遊女がまとめて買ってあげたか、もしくは出版にかかる費用の何割かは、蔦重に宣伝「してもらう」吉原の人たちが出してたわけです。これも遊郭の太いお客さん向けの広告・ＰＲですよね。宣伝マンも兼ねた、吉原唯一のお抱え本屋という最強のポジションを、蔦重はいつの間にか作り上げて、そこにどんと腰かけたんですよね。

実はこの頃、吉原といえばもう誰もが知る歓楽街だったのは間違いないんですけど、格式が上がるのといっしょに料金も上がっちゃったんです。そこへ割安な深川なんかの新興勢力にお客が流れていって、吉原の人たちがこれは何か手を打たないと、とアイデアを巡らせていた時期だったそうです。

ですから、『吉原細見』というガイドブックは、本や雑誌というよりも、吉原を宣伝するためのツールだったんです。蔦重本人も、自分が生まれ育った場所の町興しに一役買って出た感もあったんじゃないですかね。

遊郭の主人や女将、そして遊女と、すごく豪華で大勢の俳優さんたちがキャスティングされてますよね？　たぶん、みんな蔦重が幼い頃から付き合ってきた人ばかりでしょう。それぞれ人には言えない過去とか闇を抱えてる彼ら彼女らを、蔦重は「オレが救ってやる」くらいの気持ちであちこち奔走するのかもしれませんね。

吉原遊女の寄せ書き付き!? プレミアムな錦絵

1776（安永5）年、北尾重政に加えて勝川春章という当時の二大絵師が、42軒の妓楼の163人の遊女たちの姿を描いた錦絵の3冊構成『青楼美人合姿鏡《せいろうびじんあわせすがたかがみ》』を世に出します。遊女たちが琴や書画、歌、香合、すごろく、投扇興なんかの芸事や座敷遊びをやってる姿の錦絵なんですが、『一目千本』以上に作りが豪華で、日本の出版史に残る傑作とも言われてるそうです。早くも、というか浮世絵のデビュー作が、いきなりそんなすごい逸品になっちゃったんですねえ。

これ、序文は蔦重本人が書いてるんですが、一つのアイデアがこの作品の魅力を増してます。遊女たちに和歌を詠ませて、巻末にまとめて添えてるんですよ。直筆とはいきませんけど、遊女たちの寄せ書きみたいなものです。買い手は推しの女の子のき

北尾重政・勝川春章『青楼美人合姿鏡』（1776）
ColBase（https://colbase.nich.go.jp/）

れいな錦絵も嬉しいですけど、これで1＋1が3になったぐらいの嬉しさじゃないですか。

　これも『一目千本』みたいに、店頭に並べるんじゃなくてお茶屋さんや妓楼、遊女たちから集めたお金も制作費に入ってて、そのお得意さん限定でプレゼントしてたんだと言われています。これ、高く売れたんでしょうね。8年後にも『吉原《よしわら》傾城《けいせい》新美人《しんびじん》合《あわせ》自筆《じひつ》鏡《かがみ》』っていう続編を出してます。

ファッション・髪型・化粧……吉原は文化の発信地

蔦重は、「ブランド」っていうものが、ただ情報を売るだけじゃ稼げないようなお金を稼げることにどこかで気付いて、「吉原ブランド」を作って商売しようとしたんじゃないかって言われてます。

そもそも、吉原は歌舞伎町みたいな性風俗の場ってだけじゃなくて、銀座みたいなセレブのサロンや接待の場だったり、渋谷みたいな文化とか流行の発信地でもあったんです。吉原での振る舞い方や遊び方が、そのまま江戸の文化として広まったこともあるし、吉原での季節ごとの行事や催しが、江戸の風物詩として注目されました。

遊女たちのおしゃれ衣装や髪型が江戸の流行の最先端で、例えば「勝山髷《かつやまげ》」という髪型は遊女から広まったと言われています。

特に花魁の華やかな装いは、江戸の女性たちの衣服の流行にも大きな影響を与えてたそうですね。水茶屋に客を迎えに行くとき、禿や振袖新造を何人も引き連れて遊郭内を大名行列みたいに練り歩くんですが、これが「花魁道中」。吉原の一大イベントで、見物人もたくさん来たそうですね。もちろん流行と言っても、町の女の人たちがあんな豪華なのと同じものを着るわけじゃなくて、例えば「打掛」とか「ふき」といった衣装が吉原から広まったし、身に着けた櫛《くし》や簪《かんざし》、笄《こうがい》は花魁が身に着けたのと似たものが、町の女性たちの人気を集めたそうです。

遊女たちの化粧法も注目の的でしたし、吉原独特の言葉遣い――「ありんす」とか――は、遊女の方言で出身地がバレないようにするため、と言われています。そんな〝ありんす詞《ことば》〟が江戸の町中で流行しました。

吉原を題材にした浮世絵や文学作品が多く生まれましたし、遊女たちも教養が高かったので、和歌や俳句などの文芸活動も盛んでした。「いき」といった江戸の美意識も吉原発です。足袋を履かずに素足で三枚歯の高下駄を履くなど、吉原独特の装いが注目されましたし、吉原で人気のあった料理や菓子が、一般に広まることもあったんだそうです。

豊国画

歌川豊国「吉原仲の町花魁道中」（1795）
The Metropolitan Museum of Art

このように、吉原は江戸文化の重要な発信地でして、ファッションや美意識、言葉遣いなど、すごく色んなところで江戸の社会にインパクトを与えてたんです。ですから、そんな「吉原」にまつわる豪華な出版物を量産すれば、売れるのはもちろん、今度は吉原という名前にもプレミアがつく。ウィン・ウィンですよね。錦絵っていう、美しい絵を割安に大量生産できる新しいメディアなら、そういうことができるんじゃないか……。

この頃はそれだけの絵師とか木版の彫師、それを使って摺る摺師は数がそろってなかったから、冊数が少ない豪華本にとどまってましたけど、蔦重はもうそんなことを妄想してたんじゃないでしょうか。

そんな先々のことを見据えて、地道に吉原を回ったり、キーになる重要人物に渡りをつけてもらったり、いい文章の書き手や才能のある浮世絵師を鵜《う》の目鷹《たか》の目で探していたんですね。

エンタメ本出版に進出！

松村邦洋

蔦重が目を付けた「黄表紙」とは

だいたい1770年あたりから幕末までの約100年間、色んな出版物が世の中に出回りました。江戸時代に出されていた出版物をちょっと整理しておきますね。

1 教訓書・道徳書

石田梅岩『都鄙問答《とひもんどう》』や中沢道二『道二翁道話《どうにおうどうわ》』など、教育や道徳、生活の知恵を教える書物があります。これは実用的な知識を提供するためのもの。

2 仏教・儒教の書籍

宗教的な教義や儒教の教えを広めるための書物。たとえば『大蔵経《だいぞうきょう》』や『論語』の注釈書など。

3 漢詩・和歌集

漢詩や和歌の形式で書かれた詩集や文学作品は、戯作とは異なる高尚な文学に属します。和歌集である『万葉集』の注釈書など。

4　軍記物

『太平記』や『源平盛衰記』など、戦記や歴史的な出来事を描いた書物が含まれます。これらは娯楽要素がありつつも、歴史や戦に関する内容が中心です。

5　旅行記・紀行文

有名な例では、松尾芭蕉の『奥の細道』のような旅行記があります。これは風景描写や哲学的な考察が主題となっています。

6　医学書

『医心方《いしんぽう》』や『養生訓』など、医学や養生に関する実用的な知識を伝えるための書物も多く出版されました。

7　辞書・事典

辞書や百科事典のような参考書的な出版物、たとえば『和漢三才図会《わかんさんさいずえ》』は江戸時代の百科事典的な書物として知られています。

8　往来物

当時、習字の手本にもなった手紙文、日常用語、地理、歴史、道徳などの教科書。『庭訓往来《ていきんおうらい》』、『商売往来』など。

……っと、ここまでは実用性や学問的な用途が重視されています。でも、もうおわかりだと思いますが、蔦重が売って名を上げた出版物は、このマジメなラインアップの中にはありません。

蔦重が手を付けたのは、「戯作《げさく》」なんです。書き手が自分のアイデアや想像力を膨らませて書いた小説とかそれに似た本が、全部ひっくるめて「戯作」って呼ばれていました。今でいえば、ノンフィクションじゃないエンタメ本全般、そこにマンガや雑誌なんかも含まれている感じです。

なんで「戯＝たわむれ」なのかっていうと、先ほど紹介したマジメで堅い本を書いていた作家さん――武士階級のけっこう偉い人もいたんです――が、アルバイト感覚で「いやー、オレこんなの書いちゃったよ」、つまり〝たわむれに〟書いちゃった、という照れ隠しで付けた名前なんですね。

その戯作の中でも、子供向けに作られていた絵入りでかな混じりの小説が「草双紙」でして、女性や子どもでもラク～に読める俗っぽい内容。この時代は、さすがに『光る君へ』の平安時代ほどひらがな、カタカナはバカにされてはいなくて、男の人でもわりと普通に草双紙を読んでいたようですね。漢文や漢詩にもカタカナの振り仮名が振ってあったそうです。

草双紙は、今でいえば児童書とか絵本、童話ぐらいに当たりますかね。マンガほど絵ばっかりじゃないけど、中身はそれくらいくだけてとっつきやすかったんだと思います。これらは元禄時代から時代を下った順番に、表紙の色によって赤本、黒本、青本と呼ばれていました。

で、前にお話しした恋川春町の『金々先生栄花夢』が、草双紙界に新しい旋風を巻き起こしたんです。その新ジャンル、文章に浮世絵を添えて、大人向けでちょっとだけかしこまった教訓混じりの草双紙は、やっぱり表紙の色で「黄表紙」と呼ばれるようになります。上方の草双紙に比べると、江戸っ子らしくリズムも歯切れもいい文章がウケて、江戸の黄表紙はそこから一大ジャンルに成長していきます。

戯作ってけっこう何でもありなんですが、あえて分けてみるとこんな感じです。後から登場する作家の名がけっこうありますよ。

1　洒落本

江戸の遊郭や遊女との交流を描いた滑稽な作品。遊里や風俗を舞台にした洒落た言葉遊びや軽妙な会話が特徴です。

●山東京伝『傾城買四十八手《けいせいかいしじゅうはって》』（1790〈寛政2〉年）

京伝の代表作。吉原の遊客と、色んな地位の遊女たちが閨房《けいぼう》でかわす会話。遊びのテクニックとその内面の心理描写が描かれる。

山東京伝（作・画）『傾城買四十八手』（1790）東京都立中央図書館

●田舎老人多田爺《いなかろうじんただのじじい》『遊《ゆう》子《し》方言《ほうげん》』（1770年頃？）

洒落本の走り。通人ぶる男が、ウブな若者を誘って吉原へ出かけ、穿《うが》ちを並べようとする（〝本質突いてるオレ〟を気取る）が、底が割れてしまい、かえって若者のほうがモテてしまう。

2

黄表紙

黄色い表紙で製本された、主に風刺や社会批判を含んだ軽妙な小説。庶民の生活や社会の矛盾を描き、戯画的なキャラクターが登場することが多いです。

●恋川春町『金々先生栄花夢』（1775〈安永4〉年）

黄表紙の人気を決定づけた作品。栄華を夢見て江戸に出て豪商の養子となりぜいたくにふけるが……。

●山東京伝『江戸生艶気樺焼《えどうまれうわきのかばやき》』（1785〈天明5〉年）

大金持ちのドラ息子・艶二郎が、〝イキな男〟と呼ばれたくて、金にあかせてあれこれやり散らかし、かえってバカにされてしまう。

3

滑稽本《こっけいぼん》

滑稽な出来事やキャラクターを描いた、笑いを誘う内容の作品。庶民の生活や人情をコミカルに描写しています。

●十返舎一九『東海道中膝栗毛《とうかいどうちゅうひざくりげ》』（1802〈享和2〉年～14〈文化11〉年）

弥次郎兵衛と喜多八の二人が伊勢神宮参拝を思い立ち、東海道を江戸から京、大坂へと旅する珍道中。

●**式亭三馬『浮世風呂』（1809〈文化6〉～13〈寛永6〉年）**
町人の社交場・銭湯に集まる人々が交わす軽妙な会話やしぐさをリアルに描写。

4

人情本《にんじょうぼん》
恋愛や人情、友情など、庶民の感情を丁寧に描いた作品。娯楽性に加え、登場人物の心理描写や人間関係に焦点を当てています。

●**為永春水《ためながしゅんすい》『春色梅児誉美《しゅんしょくうめごよみ》』（1832〈天保3〉年～33〈天保4〉年）**
モテ男・丹次郎と吉原・深川の芸者や髪結い、浄瑠璃界ら女性たちとの三角関係を描く。

●**柳亭種彦《りゅうていたねひこ》『偐紫田舎源氏《にせむらさきいなかげんじ》』（1829〈文政12〉～42〈天保13〉年）**
江戸時代最大のベストセラー。『源氏物語』を通俗化し14年間書き継がれた未完の長編。室町時代、足利将軍の妾腹の美男子が、浮名を流しながら足利の宝物を取り戻し、ライバル山名氏を滅ぼしていく。

5

読本《よみほん》

長編の物語で、怪談や歴史物語、英雄譚を扱うことが多い。戯作の中でもやや高尚な内容が多く、儒教的な教訓や教養的な要素が含まれることもあります。

●**上田秋成『雨月物語』（1768〈明和5〉～76〈安永5〉年）**

日本・中国の古典から転化した怪異小説9編。それぞれ性格の違う幽霊・鬼が登場する。

●**曲亭馬琴（滝沢馬琴）『南総里見八犬伝』（1814〈文化11〉年～42〈天保13〉年）**

戦国時代、里見家の家臣である八犬士（仁・義・礼・智・忠・信・孝・悌）が、御家の危機を救うために戦う勧善懲悪ストーリー。28年がかりで完成した大長編。

6

草双紙

イラストが豊富に含まれた子ども向けの絵本や物語。特に子どもが楽しめる内容が多く、読みやすい短編の作品が中心です。『赤本』や『黒本』など表紙の色で分類されるもの。

7

合巻《ごうかん》

複数巻にわたる連載形式の物語。内容は恋愛、冒険、歴史物など多岐にわたります。庶民の間で人気がありました。

●**式亭三馬『雷太郎強悪物語《いかずちたろうごうあくものがたり》』（1806〈文化3〉年）**

殺人・強盗を重ねて雷太郎と呼ばれる悪党を、被害者の遺族たちが浅草観音の導きで討つ。歌川豊国・画。

8

草子《ぞうし》

文芸的な価値を持つ短編物語や長編物語を指し、後に戯作に吸収された一部もあります。庶民の生活や喜劇的な要素が強調されることが多いです。

9　噺本《はなしぼん》

小説形式の滑稽本と異なり、短い笑い話を集めたもの。江戸落語とともに発展しました。

●木室卯雲《きむろううん》『鹿子餅《かのこもち》』（1772〈明和9〉年）

●小松屋百亀《こまつやひゃっき》『聞上手』（1773〈明和10〉年）

売れっ子作家は「江戸留守居役」

蔦重が取っかかりに組んだ戯作・草双紙の売れっ子作家が二人いまして、一人が元祖・黄表紙『金々先生栄花夢』を出した恋川春町、もう一人がすでにお話しした朋誠堂喜三二。本名は平沢常富《つねまさ》という出羽国秋田藩士で、江戸留守居役《るすいやく》という役目を負っていました。実は蔦重とはもう『一目千本』からいっしょにやっていて、『吉原細見』の序文をよく書いていまして、蔦重の戯作進出のきっかけを作ってます。春町とともに、黄表紙っていうジャンルを確立した人なんですね。

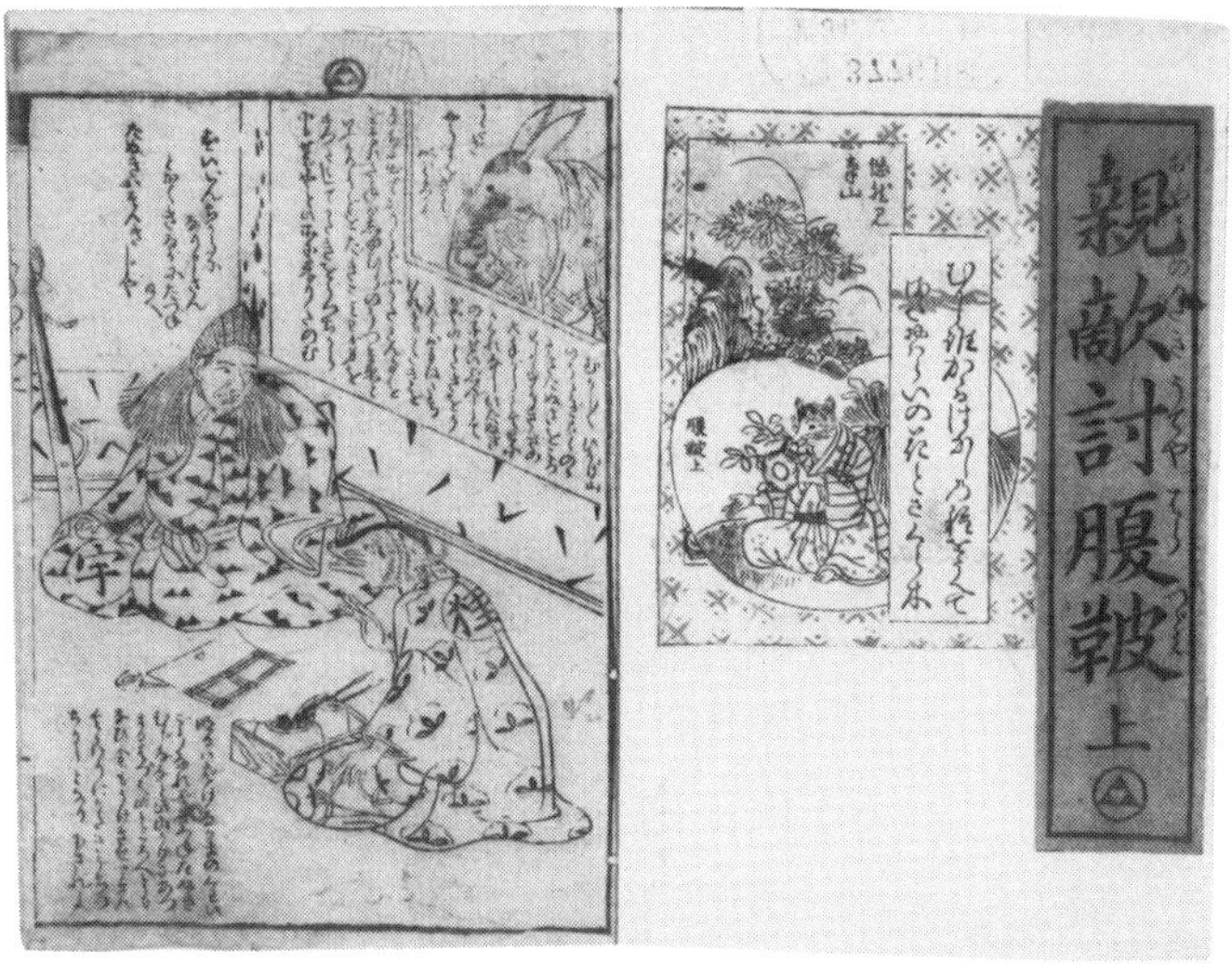

朋誠堂喜三二（作）、恋川春町（画）『親敵討腹鞁』（1777）東京都立中央図書館所蔵
国書データベース　（https://doi.org/10.20730/100076953）

喜三二が書いて春町が挿絵を描いた『親敵討腹鞁《おやのかたきうてやはらつづみ》』（１７７７年）は、誰もが知ってる昔話「かちかち山」の後日談。ひどい目に遭わせた例の狸の子どもにねらわれた兎が、義理に迫られて切腹し、狸はまた狩人に頼んで狐を討ってもらうんですが、その子に猟人ともども討たれる……という、リベンジ合戦です。

ちょっと脇にそれますけど、この各藩の江戸留守居役ってなかなか重要な役回りでしてね。参勤交代で殿様は江戸と国の間を行ったり来たりしますから、殿様が江戸を留守にしているときの幕府との交渉役がこの留守居役なんです。最初は家老クラスの役目だったけど、だんだん時代が下ってこの頃になると、中級の藩士がやるようになりました。
交渉のほか、江戸での情報収集も彼らの役目なんですけど、あちこちの藩の留守居役が集まった留守居組合っていう組織を作って、みんなで情報交換するんですよ。

すると……もうおわかりですよね？　情報収集にはお金、そして飲み食いが付きものです。勢いみんなで高級料亭や、当然吉原に繰り出すわけでしてね。何せ自腹じゃなくて藩の接待費ですから、気が大きくなって使っちゃうんですよ、大金を。会社の接待係みたいなもので、クニの殿様よりもよっぽどいいものを食べていたって言われてます。あちこちの藩でこの留守居役たちの経費の使い過ぎが、よく問題になっていたんだそうです。

喜三二もその留守居役、しかも筆頭で、若い頃から自分のことを「宝暦の色男」とか言って吉原に通い詰めてたんです。よく書いたのは、黄表紙や遊郭での遊女たちとのオシャレな会話や小ネタを書いた洒落本でしたが、その吉原通いの成果だったんでしょう。
蔦重や春町とは恐らく吉原を通して知り合ったと言われていますが、20代ですでにこれだけの人脈を持ってる蔦重、さすがに大したもんです。若くして吉原で顔がきくっていうのは、やっぱりすごいアドバンテージになることなんですね。

若き蔦重を支えた二本柱

独り立ちしたすぐ後は食うや食わずだったと思いますが、蔦重の普通じゃないところは、早い段階で往来物と浄瑠璃の教本に手を付けたところです。

前にお話しした通り、往来物とは今で言えば教科書とか実用書、ビジネス書、マナー本、手紙の文例集、あと百科事典なんかも入りますかね。「おもしれえ」かどうかで売れ行きが上がったり下がったりする戯作と違って、売り上げがけっこう計算できたりするわけです。

浄瑠璃は「日本のソウル」とも言われる、三味線の伴奏がついた語り物。この頃は安定した人気があって、プロだけじゃなくて一般の人も自分たちで演奏したり語ったりしてたそうです。売ってたのはその三味線とかのレッスンのテキスト。売れる売れないが命運を決めるだけに、出版はある意味博打《ばくち》ですけど、蔦重は初めからがっちり

「負けない商売」をやってるのがよくわかります。

そうやって足元を固めた蔦重は1780（安永9）年、突然、大量の戯作を出すんですよ。ラインアップはというと、『伊達模様見立蓬莱《みたてほうらい》』『竜都四国噂《たつのみやこしこくのうわさ》』『鐘入七人化粧《かねいりしちにんけしょう》』『夜野中狐物《よのなかこんなもの》』『通者云此事《つうとはこのこと》』『威気千代牟物語《いきちょんものがたり》』『虚言八百万八伝《うそはっぴゃくまんぱちでん》』など黄表紙が8冊。あと『吉原細見』が2冊ですね。

あとは噺本や往来物、洒落本など。黄表紙のうち、喜三二が書いたやつが何と3冊、そのうちの1冊は、北尾重政が挿絵を描いてます。鱗形屋が失速した後は、春町・喜三二の二大スターはそっくりそのまま蔦重が抱え込むんです。もっとも春町は、途中から文章じゃなくて挿絵オンリーに専念するんですけどね。

で、独立したての蔦重を支えた二本柱は、喜三二と北尾重政の二人。蔦重より15歳年上の喜三二はとっくに売れっ子でしたから、他の大手の版元から引く手あまたで、特に鱗形屋と肩を並べていた大手の老舗・鶴屋喜右衛門からはもう何冊か出していた仲でしたから、「ウチで書いてくださいよー」と猛烈な引きはあったんだと思います。

それでも若きベンチャーの蔦重のほうについた。鱗形屋の頃からいっしょに仕事をしていたご縁と、吉原パワーでしょうかね。

蔦重より11歳年上の北尾重政も、鱗形屋経由でしょう。もともとカタ目の本を出す書物問屋の老舗・**須原屋《すはらや》茂兵衛**系列の書肆《しょし》（本屋）の子で、独学で絵を学んで浮世絵界でのし上がっていったんです。柔らかめの本を出す地本問屋の名門・鱗形屋とは、同業のご縁でどこかで出会って仲良くなって、そこからいっしょに仕事をするようになったんだと思います。

ちなみに、須原屋茂兵衛からのれん分けした**須原屋市兵衛**役が、里見浩太朗さんです。万能の学者・**平賀源内**の書いた本をはじめ、ご禁制だった蘭学の本を出してます。有名なのが杉田玄白の『解体新書』や林子平の『三国通覧図説』ですね。

版元の聖地・日本橋へ移転する

朋誠堂喜三二、北尾重政という鱗形屋以来の頼れる二本柱を、蔦重は創業7年、30歳にしてほぼ独り占めにしちゃったわけです。翌年の1781（安永10、天明元）年には7冊の黄表紙を出版。喜三二作・重政挿絵の3冊はヒット作になって、この年に始められた本の格付け――『菊寿草』って名前がついてました――でも、すべて部門別のトップなんですよね。
それだけじゃなくて、喜三二と重政の二人も、作者と絵師の番付で両方ともナンバーワンにランク付けされたんです。

あの頃の大手版元や書物の問屋の聖地って、みんなお江戸の日本橋にあったんです。鱗形屋がそうだし山形屋市郎右衛門、鶴屋喜右衛門、後で蔦重の強力なライバルとなる**西村屋与八**――西村まさ彦さんが演じます――とかの地本問屋や、須原屋茂兵衛&市兵衛とかの書物問屋は、みーんな日本橋に本拠を構えていたんですね。

日本橋は、みなさんご存じの東海道、奥州街道、中山道、甲州街道、日光街道の五街道の出発地点ですから、日本全国から人やモノや情報が集まってました。吉原も、1657（明暦3）年の明暦の大火のせいで浅草に移る前は、日本橋葺屋町《ふきやちょう》――今の中央区日本橋堀留《ほりどめ》町とか日本橋人形町――にあったので、吉原もその一角だったんでしょうね。

地方から江戸に来て、おみやげ代わりに本や錦絵を買って、吉原でちょっと遊んでからクニに帰る人もたくさんいたんでしょうね。あちこちの地方の旧家から、古い『吉原細見』が見つかることも多いそうですよ。家の人には隠してたのかもしれないけど（笑）、昭和のおみやげのペナントみたいなものなんでしょうね。

とはいえ、他の大手・老舗版元から見れば、今で言えば歌舞伎町か銀座のガイドブックを出してた零細業者が、いきなり売れっ子作家を独占して、講談社や集英社を差し置いてトップに立っちゃったわけですから、「耕書堂？　吉原の入り口んとこの、あのツタヤのことか？」といった嫉妬混じりの声が聞こえてきそうですね。

こうして１７８３（天明３）年９月、蔦重は日本橋の通油町《とおりあぶらちょう》――今の大伝馬町あたりだそうです――の丸屋小兵衛という版元の店を買い取って、吉原の店舗はそのままにしておいて拠点を移します。蔦重34歳にして、早くも江戸の一流版元への仲間入りを果たしたわけです。

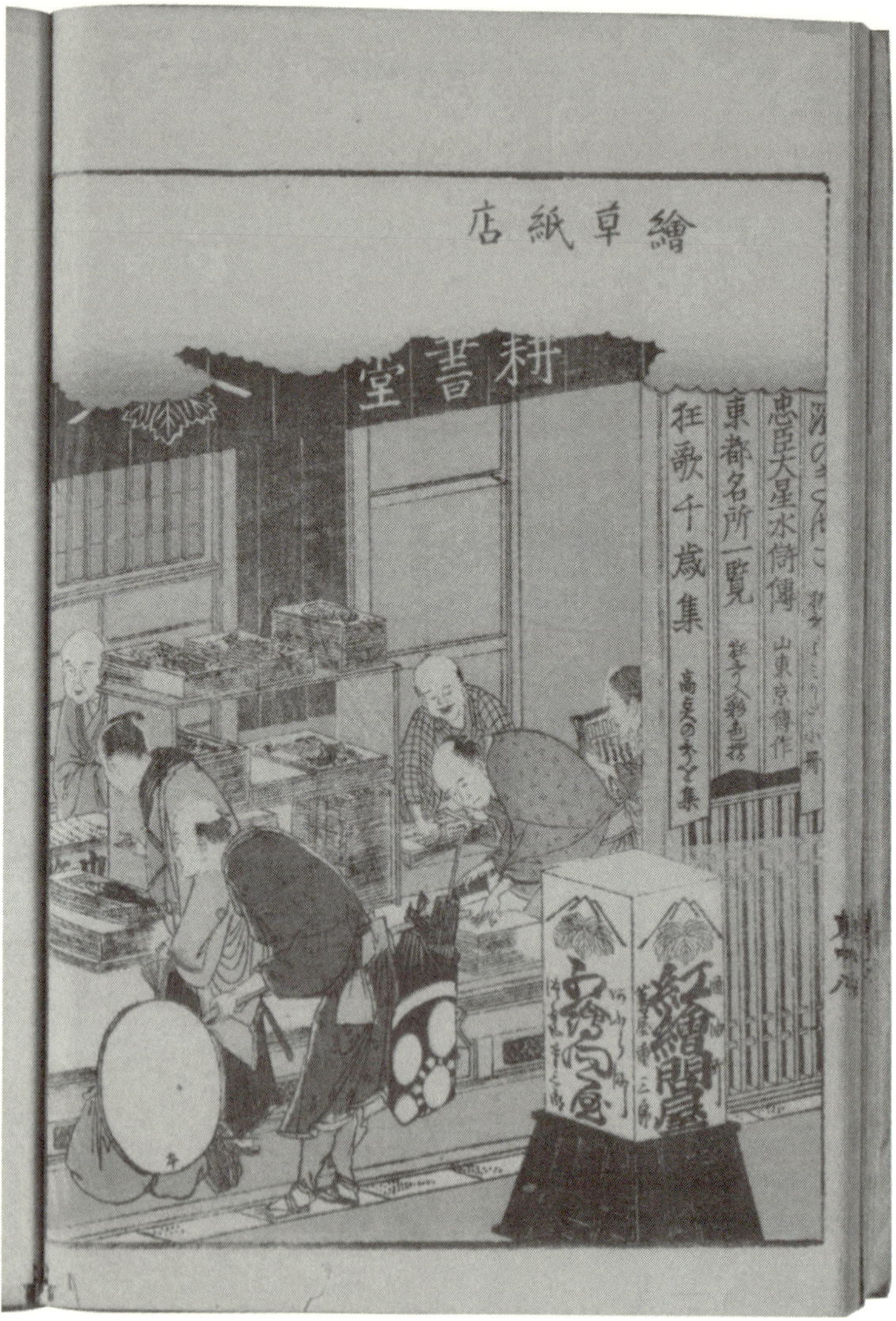

通油町・耕書堂の店頭の様子。
浅草菴市人（編）、葛飾北斎（画）『画本東都遊』（1802）東京都立中央図書館

てい

次なる新規ビジネス「狂歌本」

天保期に起きた爆発的な「狂歌」ブーム

最初は吉原関連、次に黄表紙……という具合に着々とビジネスを積み上げ、日本橋に進出してきた蔦重が、次に手を広げたのは「狂歌」でした。ところで、狂歌って何なんでしょうか？　これにはちょっと説明が要りますね。

和歌とか俳句、漢詩は、昔々からずっとある日本の文学です。ただ、やっぱり学校の授業でさんざん習っても、卒業したらほとんどご縁がなくなります。

江戸時代の人たちが和歌や俳句をどれだけ習っていたかはちょっと知らないんですが、実はそのパロディについては、大勢の人たちが楽しんでいたことがわかっているんです。

5・7・5の俳句のパロディというか、季語がなくてもいいよーってことにしたのが川柳です。じゃあ、和歌のパロディは？　――これを「狂歌」って言うんです。字数は同じ5・7・5・7・7ですけど、日常の出来事や社会問題、政治なんかをテーマにお笑いとか風刺にしたものでした。

さらに時代をさかのぼると、平安時代にみんなで集まって、和歌が必修科目だった貴族たちが、自分で作った和歌を披露する「連歌」っていう遊びがありました。最初は「歌合《うたあわせ》」と言って、どっちがうまいかを貴族どうしが競い合うやり方だったんですけど、勝ち負けを決めないで、蹴鞠《けまり》とか、昭和で言えば職場で昼休みにやるバレーボールみたいに、まあまったり楽しくやりましょうよ、という「連歌」に変わっていったんだそうです。和歌や俳句はプロが一人でウンウン唸りながら詠むのとは別に、大勢の人たちの仲を取り持つ働きを持つようになっていったんですね。

すると、そういう場でプロとかセミプロみたいな人たちが、真面目な和歌を順番に詠んでいってちょっと疲れたときに、昔の有名な和歌のパロディとか、ダジャレや風刺混じりの和歌がふっと口をついて出て、それがまた笑えたり、いいところを突いてたりしたんです。

こりゃ面白いってことで、季語とか何とか和歌の決まり事を外した、お笑いや風刺優先の歌が詠まれるようになりました。これが鎌倉時代あたりから「狂歌」と呼ばれるようになっていったんです。同じように、俳句や漢詩からも川柳や狂詩が生まれていきました。

江戸狂歌のスーパースター、大田南畝へ営業をかける

江戸時代に入った頃にはもう貴族だけじゃなく一般庶民にも親しまれていまして、やっぱりみんなで集まってワイワイやるのが一番ポピュラーな遊び方でした。となると、版元なら狂歌の本は「売れる」って考えますよね？

まず大坂を中心に浪花狂歌が生まれ、その後の１７８３（天明3）年に須原屋系列の版元の須原屋伊八が刊行した『万載狂歌集《まんざいきょうかしゅう》』と、版元がちょっとわからない『狂歌若葉集』という2冊の大ヒットをきっかけに江戸でも大流行したんです。このブームが天明の時代（１７８１〜１７８９年）にずっと続いたので、「天明狂歌」と呼ばれたんですね。

もちろん、蔦重はこの狂歌ブームに乗っかることを考えました。で、どうしたのかっ

ていうと、営業ですね。どこへ？　というと、狂歌のスターに、でした。

その相手は、『万載狂歌集』を編さんした**大田南畝**。天明の時代を代表する文化人で、当時三人いた狂歌のスーパースターの一人（あとの二人は『狂歌若葉集』を編さんした唐衣橘洲《からごろもきっしゅう》と、南畝といっしょに『万載狂歌集』を編さんした朱楽菅江《あけらかんこう》です）。南畝は狂歌だけじゃなくて、洒落本や漢詩文、狂詩もお手のもの。特にエッセイがすごくたくさん残っていますが、狂歌よりもむしろ漢詩の研究がすごかったっていうので、今では日本文学の歴史に名前を残しているそうです。

南畝について、ちょっと説明しておきますね。１７４９（寛延２）年生まれですから、実は蔦重の1年先輩ってことでトシはあんまり変わりません。実は幕府の官僚でして、勘定所——財務省と国土交通省をいっしょくたにしたような役所——に勤めていました。

もとはそんなにセレブじゃない下級武士の出身なんですけど、子供のころから賢くて、学問や文章を書くのが大得意。15歳のときに有名な短歌の先生や漢学者の弟子になって国学とか漢学、漢詩を学んだそうです。面白いパロディをたくさん生み出すには、やっぱりオリジナルとか、誰もが知ってるスタンダードな作品を深ーく学んでいないと出来ないんでしょうね。

先に名前が売れたのは狂詩のほうでして、19歳のときに平賀源内の作品からインスピレーションを得て『寝惚先生文集《ねぼけせんせいぶんしゅう》』っていう狂詩集を出して、一躍有名人になるんです。寝惚先生って、南畝のおふざけ気味の号です。狂歌も狂詩も、だいたいこんなノリなんですよ。

で、20歳のときに四方赤良《よものあから》の号を名乗って、あちこちから狂歌好きを集めて「四方《よも》連《れん》」という狂歌会を始めました。当時は、一人でやっても楽しい遊びって、スマホやテレビやオーディオもある今ほど豊富なわけじゃないですから、みんなで集まって延々アホなことをやるっていうのが楽しかったんでしょうね。

南畝や橘洲、菅江は、「連」と呼んだ集まりをもとにそういう狂歌会を開くようになりました。南畝は「四方（山手）連」、橘洲は「四谷連」、朱楽菅江の「朱楽連」等々、多い時で10以上の連があったそうで、その盛況ぶりは、狂歌の中心地が「大坂から江戸に移った」と言われたほどのインパクトがありました。特に「四方」の名前は、子供でも知っているほどのブームだったそうですよ。

五晩ぶっ通しで狂歌を詠み続ける会

狂歌会の面白いところは、みんなテキトーに狂歌の号＝狂号を自分で考えたり、誰かにつけてもらって参加するんですけど、身分がまったく関係なかったんですね。商人とかの町人はもちろん、南畝のような武士もいれば、有名な画家や絵師などのアーチストもいました。

そんな会合が、江戸のあちこちで開かれるようになったんです。サロンっていうんでしょうかね。大河『光る君へ』でも、サロンみたいに貴族が集まって歌会なんかを開いてましたが、江戸のサロンは出席者の身分やらバックグラウンドやらがみんなバラバラ、しかも面白い歌、笑える歌をひたすら追い求める会だから、かしこまった歌会とはにぎやかさも違うわけですよ。

南畝が1779（安永8）年8月13日から17日まで、高田馬場の茶屋で月見の大宴会を五晩ぶっ通しで開いたっていう記録が残っています。酒を飲み、月を見ながらただひたすらに狂歌を詠み続けようってわけで、ロングランの体力戦ですね。『光る君へ』の貴族たちも、ここまではやらなかったと思いますよ。

参加した人たちは今も名前が残ってて、狂歌で名の知られた人、無名の人、どっちかというと狂詩のほうが得意な人、ただただ酒が飲みたい人、などなど七十人の名前が残ってます。

この頃からもっぱら狂歌で身を立ててる人を「狂歌師」って呼ぶようになりました。師匠ってなんか一見カッコいいですけど、これも実はオフザケのネーミングでしてね、この頃の「師」はおカタい専門家ってことなんです。医師とか、仏師とか。狂歌の大元の連歌にも「連歌師」がいました。お笑い専門の「狂歌師」っていうネーミングはそれじたいが連歌師のパロディ、そんなおフザケで食える商売なんてあるわけねーよってぐらいのノリでつけたんですよね。

「四方連」はこうしたフザケた集まりですが、ブームのさなかですから、みんなそれに憧れるわけですよ。その仲間に加わりたいなあ、どんな狂歌が詠まれてるのかなあ、とか。もちろん、そこで詠われてる狂歌にも興味津々なわけです。

ちょっと日テレ『笑点』（1966年〜）と似てますね。番組名は立川談志さんがあの頃の大ヒットドラマ『氷点』（1966年）のパロディとして命名したって言われてますけど、パロディの文化って昔からあるものなんですね。

若い才能を集めて、吉原でドンチャン接待

さて、そんな南畝を、蔦重はどんな手を使って口説いたのか。なんと、自ら四方側にもぐり込んで〝オトした〟んです。

1781（天明元）年の南畝の日記『丙子掌記』には、蔦重が出した喜三二作品を例の番付『菊寿草』で褒めたことがきっかけで、蔦重が自分を訪ねてきた、と書いてあるそうです。

それから翌年、そのまた翌年に、大文字屋——楼主が〝カボチャ〟の伊藤淳史さ

ん。――とか扇屋――楼主が山路和弘さんですね。和歌も俳句も絵もたしなむ教養人――とか老舗の妓楼で、けっこうな大物たちといっしょに狂歌を詠みながらドンチャン遊んでるんです。

『光る君へ』でも、平安貴族たちが定子や彰子といった中宮の周りに清少納言や紫式部、和泉式部や赤染衛門なんかの才能のある女房たちや、和歌も漢詩も得意な男たちが集まる、欧米風に言うとサロンがありました。メンバーはもちろん男も女も貴族ばっかりです。

でも、蔦重のこれは和歌じゃなくてそのパロディの狂歌、しかも集まってる面々の身分階級はほんとにばらばらだったんですよ。南畝のような狂歌師はもちろん、戯作者や絵師、武士から商家から誰でもありでしてね。

南畝の日記に、あの頃の幕府トップでブイブイ言わせてた老中・田沼意次の右腕で勘定組頭・土山宗次郎の名前が入ってるんです。今で言えば、財務省の局長クラス。狂歌も南畝の狂歌集に一首採用されるほどの腕前でしてね。こんな人まで出入りしてたんですねえ。

ただ、宗次郎は後々、吉原に絡んで大事件をやらかすんですけどね。

で、こういう集まりは、もちろん大御所の南畝が中心ですが、その全部とは言わぬまでも蔦重が仕切ってたんじゃないでしょうか。蔦重は「蔦唐丸《つたのからまる》」っていう狂歌の号――ツタがからまってるんですね（笑）――を名乗ってたんです。本人に狂歌のお笑いのセンスがあったかどうかはこの際二の次でして、狂歌営業っていうか、才能のある人たちの間に自分から飛び込んでいって、いっしょに狂歌を詠みながら仲良くなるわけです。

ここで蔦重の強みになるのが、何を隠そう吉原人脈ですよ。この頃の吉原は、繰返すようですが銀座と歌舞伎町を足したような感じ。町人たちだけじゃなくて地方から来る商人や武家、役人やお医者さん……とまあ、誰でもありでした。

で、もうね、蔦重は歩く『吉原細見』なわけですから、自分ちの庭ですよ、吉原。大手・老舗から末端まで妓楼の楼主・女将とはもうツーカー。仲良しの遊女もあちこちにいるわけです。南畝とかの集まりに顔を出して、「じゃあ、今度は私が持ちますから、〇〇屋でやりましょうよ」と声をかけて、大勢で繰り出すわけです。

蔦重は30代で成功した、今で言えば若きベンチャー社長ですからね。しかも大手を抜く勢いの。まだ若いし、ハメの外し方もすごかったんだと思います。

この頃にはもうヒット作もいくつか出していましたから、おカネもそこそこあったでしょう。大物の戯作者や狂歌師、浮世絵師とツーカーになる。彼らの本を出すだけじゃなくて、その弟子や居候で才能のある若い奴に目を付けて、飲み食いさせて抱かせて、後々の黄表紙とか洒落本といった戯作や狂歌集、もっと後になりますけど浮世絵を出して大儲けするわけですよ。ある意味「投資」してるわけです。

バブルからこのかた、「社用族」って言うんでしょうか、大企業の幹部とか営業の人が新宿、銀座や六本木なんかでバンバンお金を使って取引先を接待して、仕事に繋げてたんですね。それと似てますね。

そもそもが、吉原公認の広報宣伝マンなんですから、楼主にしろ女将にしろ遊女にしろ、「ツタジュウさんを男にしてあげれば、わっちらにもいいことがある」のは百も承知です。

ああいう世界じゃ、金払いがいい男がモテるのは法則みたいなもんです。でも、それだけじゃなかったと思います。横浜流星さんくらい男前だったかはわかりませんけど、モテたと思いますよ、蔦重は。若いアーチストたちにも慕われる、すごく魅力のある男だったんでしょうね。

高田文夫さんは〝お笑い界の蔦重〟

この頃に遊郭で開かれた南畝の狂歌会の様子を、恋川春町が描いた絵が、次ページの『吉原大通会』っていう黄表紙に載ってます。大田南畝（号・四方赤良）が座の中心にいて、その周りを蔦重と九人の狂歌師が囲んでます。朋誠堂喜三二（号・手柄岡持《てがらのおかもち》）もいますね。左下に描かれている蔦重（号・蔦唐丸）以外はみんなコスプレ（笑）。坊さんだったり、貴族だったり。だいたいいつもこういうノリだったんですね。

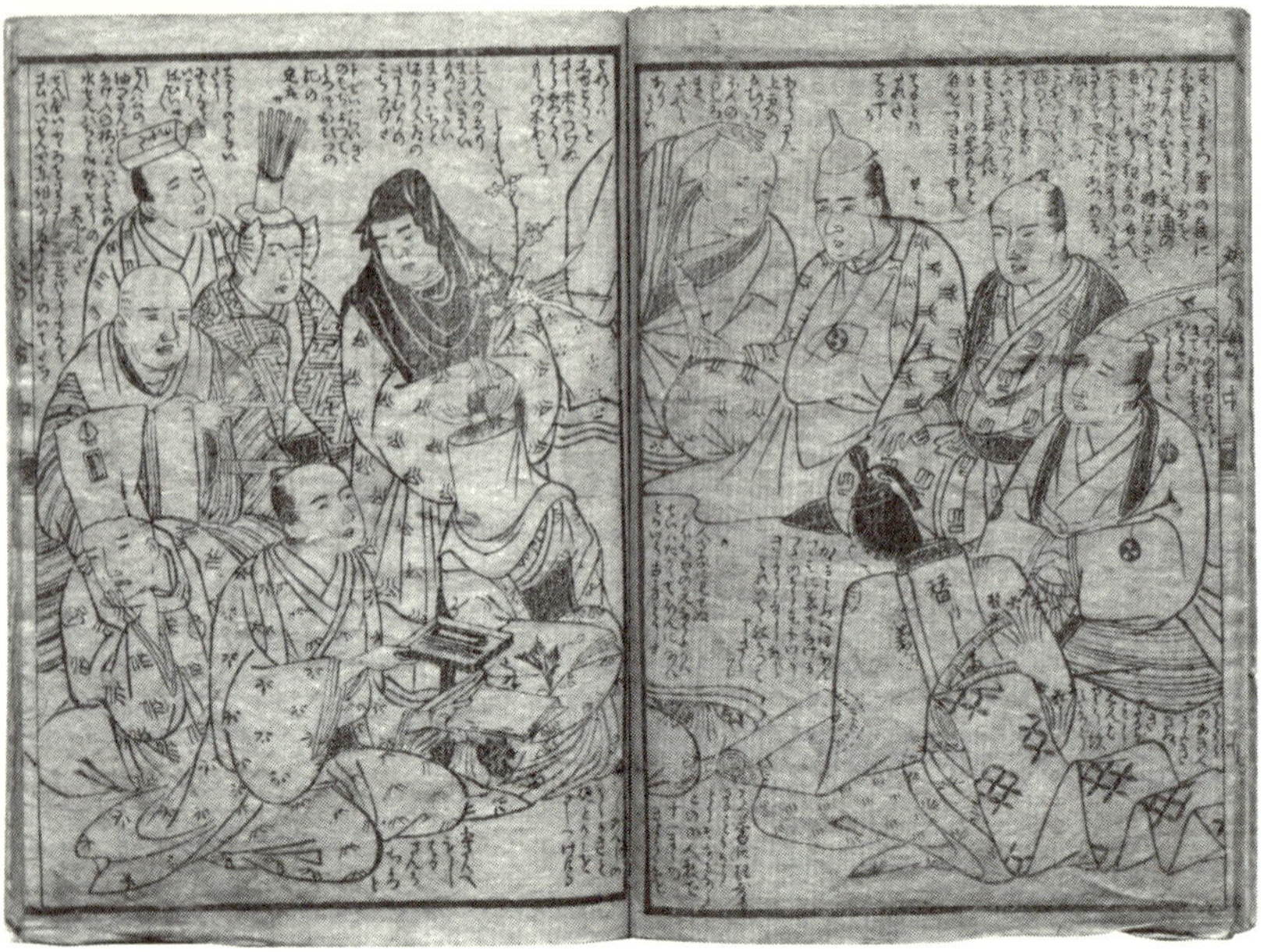

恋川春町（作・画）『吉原大通会：3巻』（1784）
国立国会図書館デジタルコレクション（https://dl.ndl.go.jp/pid/9892509）

そういう場で羽目を外し過ぎた蔦重が、たぶん吉原から朝帰りしたんでしょうね、奥さん――『べらぼう』では橋本愛さんが「**てい**」の名前で演じます――に怒られる様子も、とある戯作に残されてます。

てい「人のいうこと全然聞いてないんだから、もう…そんなことなら、どうとでもいいから好きにしたらいいじゃないのよッ」

蔦重「いや、もう謝る、謝るよもう。よく怒る奴だな（……夫婦のこういう場面を絵にするのもおもしれえかな……）。喜三二さんから何か言ってきたか？　寝惚けさん（大田南畝）はいつ来るって言ってた？」

橋本愛さん、大河『青天を衝け』（２０２１年）でも超性豪で知られた渋沢栄一の妻・千代を演じてましたけど、今回もそういう役回りなんでしょうかねえ。

ボクらの世界で言えば、高田文夫先生でしょうかね、蔦重みたいなプロデューサーに当たるのは。事務所を超えて、自分が面白いと思った芸人さんの面倒を見て再浮上させてあげてる。ボクもずーっとお世話になってます。浅草キッドさんとか爆笑問題さんとか、春風亭昇太さん、立川志らくさんが売れるようになったり。最近だと春風亭一之輔さん、神田伯山さん、サンドウィッチマンさん……たくさんいますね。

その高田さんをプロデュースしたのが、週刊朝日『ブラックアングル』を描いていた漫画家・イラストレーターの山藤章二さん。２０２４年9月に山藤さんが亡くなった時、高田さんは「私の生き方、メディアでの見せ方等すべてアドバイスしてくれた」「歩く江戸文化だった」と振り返っておられました。ボクもよくしていただきました。

昔なら、はかま満緒さんや萩本欽一さん、ポール牧さんがそういう役回りでしたね。日テレ『ゴールデンボーイズ　1960笑売人ブルース』（1993年）は、そういう若手の面倒を見てた昭和の芸人さんのドラマでした。

いいプロデューサーって、けっこうお金使う人ですよね、テレビ局でも。ちょっと使い込み過ぎて、別の部署に異動しちゃった方もいましたけど。でも、基本的にボクら芸能人にとっていいプロデューサーっていうのはそういう人です。今でも覚えているのは、バブルの頃の忘年会で、景品に車やバイクが出てきたこと。さすがに週刊誌とかで叩かれたりしましたけど。

お金を集めてワーッと使うと、それだけでその人の周りも、世の中も明るくなります。ボクの若い頃はとってもいい時代だったなって思います。ものまね番組なんかでも、昔は勝ったほうが賞金を5万円もらうだけじゃなくて、負けたほうも掃除機をいただいたりしてました。ダチョウ倶楽部さんが優勝したとき、賞金が200万円だったのに、「じゃ、3人だから300万円にしよう」ってプロデューサーの方のひと声でそうなりましたし。

お金あってこそですけど、そういうことをさっと言ってくれる方って、やっぱり人間的な魅力がある人ですもんね。

他に先んじて、売れっ子を押えてしまう

こうして南畝という狂歌の大御所を手始めに若手のホープに至るまで他の版元を出し抜いて、がっつり手の内に収めた蔦重は、１７８５（天明５）年、そのトータルの成果である『故混馬鹿集《ここんばかしゅう》』——もちろん『古今和歌集』のパロディです（笑）——を出します。『新故混馬鹿集』もあったんでしょうかね。

これ、もう一つ蔦重のところで出した『狂歌才蔵集』も含めて、天明の５大狂歌（後の３つは『若葉集』『万載集』『徳和歌後万載集《とくわかごまんざいしゅう》』です）と言われたほどのヒット作になりました。版元として一歩出遅れてた蔦重ですが、すぐさま追いついて追い越した感じです。

この年は狂歌だけでなく黄表紙もすごくて、文学の歴史に残る超名作がいくつも出

たそうです。芝全交《しばぜんこう》の『大悲千禄本《だいひのせんろっぽん》』、唐来参和《とうらいさんな》『莫切自根金生木《きるなのねからかねのなるき》』、山東京伝『江戸《えど》生艶気蒲焼《うまれうわきのかばやき》』がそれで、しかも版元は全部が蔦重でした。江戸の戯作は、この辺がひとつのピークだった。その版元の一番手が、他ならぬ蔦重だったんです。

狂歌本には、後から須原屋市兵衛、上総屋利兵衛《かずさやりへえ》などなど大手の書物問屋がどっと参入しました。書物問屋は、文学とか歴史とか宗教とか儒学とかカターい本が専門。狂歌はおふざけとはいえ、和歌を知らなきゃ詠めませんから、本来なら柔らかめの地本問屋よりも先に狂歌本を出していても、全然おかしくなかったはずなんです。

でも、プライドが邪魔したんでしょうかね。賢くてムツカシイ本を、えらい人向けに作って売ってるのに、一般大衆向けの商売なんてやってられるか、と。まして、作家を吉原で接待するなんて発想自体なかったんじゃないでしょうか。

気がついてみたら、大物の売れっ子はほとんど蔦重が押えちゃってた。完全にやられたんですね。

蔦重がケンカの仲介役を頼んだ「琳派」の大物

南畝と橘州の狂歌二大巨頭がいっとき仲違いしていたのを、得意の人脈を使って、超大物のアーチスト・**酒井抱一**《ほういつ》を仲介役に立てて和解させたのも、実は蔦重だったと言われてます。

抱一は蔦重より11歳年下。この頃はまだ若かったんですけど、南畝の狂歌会に出入りしてて、狂歌の号が「尻焼猿人《しりやけのさるんど》」。ケツを焼いて赤くなった猿みたいに落ち着きのない奴、っていう意味なんだそうです。

ただ、抱一は安土桃山から江戸にかけての尾形光琳、俵屋宗達とかのビッグなアーチストに連なってる、金箔銀箔をびっちり使った豪華な絵で有名な「琳派」の超大物ですよ。酒井家じたいも名家です。それが「ケツ焼いた猿」ですからねえ。実際に会ってみたら、相当ふざけた奴だったのかもしれませんね。

〝紙の『笑点』〟狂歌絵本が大ヒット

さて、江戸の狂歌を一手に握った蔦重は、それまでになかった狂歌本「狂歌絵本」というアイデアをひねり出します。狂歌本に挿絵を入れるというだけならそれまでにもあったんですが、その挿絵の描き手に、二人の新しい才能を抜擢したんです。

その一人目が**北尾政演《まさのぶ》**です。蔦重をずーっとサポートし続けた浮世絵の重鎮・北尾重政の弟子で、本名は岩瀬醒《さむる》。蔦重より11歳年下で、黄表紙の挿絵や錦絵をたくさん描いてます。実は、洒落本、黄表紙なんかの戯作のほうがよく知られています。ここまでお話しした中でもチラチラ名前が出ていた山東京伝。これが、戯作者としての名前です。ちょっとややこしいですけど、天明年間はほとんど錦絵ばっかり描いてて、戯作はそれ以降なので、絵のお話をする時は政演の名前を使うことにします。

江戸・深川木場の質屋の長男。とにかく大変な遊び人で、長唄・三味線もうまい。吉原に入り浸って月に5、6回しか家に帰りませんでした。奥さんも一度死別して再婚。2度とも遊女を身請けしてます。ボクの学生時代、月に2回くらいしか家に帰らなかった友だちもいましたけどね。

前にもお話しした黄表紙の代表作『江戸生艶気蒲焼』全3巻は、主人公は親が億万長者の道楽息子・艶二郎。団子鼻のブサイク顔ながら色男として名を上げようと、いろいろ手練手管を弄するのだが……というストーリーです。文章を書いたのも挿絵を描いたのも京伝というか政演本人です。

遊女の間で一時、やたら色男ぶるブサメンが「艶二郎」って呼ばれてたくらい売れたそうです。本人はイケメンでめっちゃモテてましたから、吉原で遊女たちとイチャイチャしながら色々と妄想しまくって、それをそのまま書いてたんでしょうかね。この本の一番の読者は遊女たちかもしれません。うらやましいですねえ。

で、政演が絵を描いた蔦重の狂歌絵本『吾妻曲《あずまぶり》狂歌文庫《きょうかぶんこ》』（1786〈天明6〉年）は、メジャーな狂歌師五十人を、平安時代の六歌仙とか三十六歌仙といった有名な歌人みたいにめちゃくちゃキレイな錦絵にして、その一枚一枚に、それぞれが詠んだ狂歌を書き込む。要は百人一首のパロディですけど、お笑いのスターたちが一人一人作品を出す「紙の『笑点』」。すごくゼイタクな大型の豪華本です。

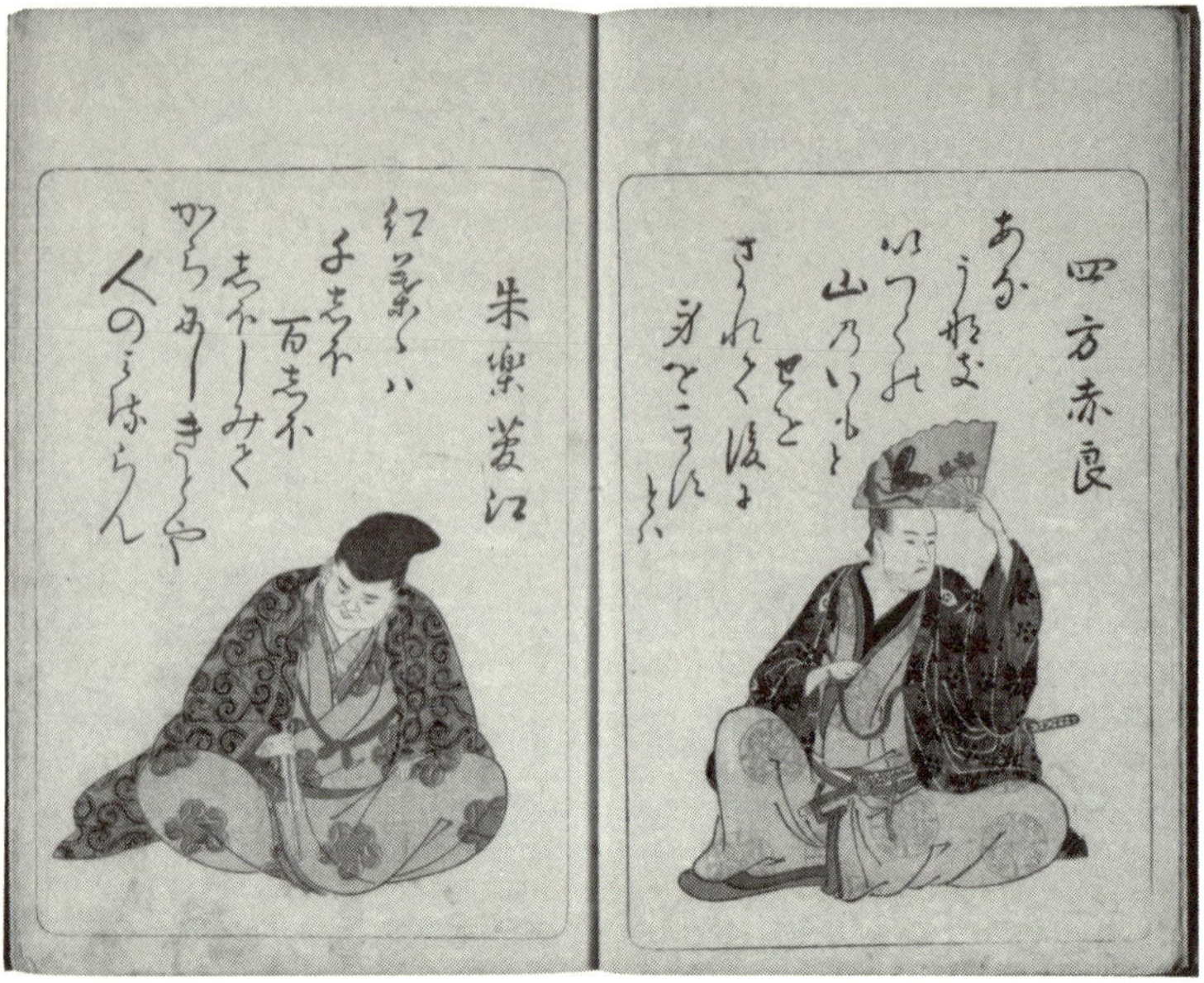

宿屋飯盛（石川雅望）（編）、北尾政演（山東京伝）（画）『吾妻曲狂歌文庫 』（1786）
東京都立中央図書館

お値段も相当なものだったはずですけど、まあ売れたんですね、これが。それじゃあってことで、お次は人数を百人に倍増した『古今狂歌袋《ここんきょうかぶくろ》』が、またまた増刷がかかるほどバカ売れしたんです。もう、狂歌本といえば蔦重、何もかも独り占めした感があったんです。

蔦重のこうした企画が起爆剤になったこともあるでしょうね、この頃の黄表紙、狂歌本、それに浮世絵などの江戸の出版物は、すごい勢いで伸びていきまして、特に黄表紙は一万何千部売れるのが当たり前だったそうですよ。当時の江戸の人口はもう百万人を超えていましたけど、今、日本人は一億人以上いるのに、出版部数で万を超えるのがけっこう大変だそうですね。そう考えると、すごいことだったんじゃないでしょうか。

サイン入りアイドル集合写真

蔦重はこの時期、以前にヒットさせた豪華本『青楼美人合鏡』の続編で、同じ北尾政演を使った『吉原傾城新美人合自筆鏡』を出してます。

発売前、『吉原細見』に載せた広告で「生き写しみたいな遊女の姿を、北尾政演が描く！」ってブチ上げるんですけど、蔦重とすっかり仲良くなっていた大田南畝と山崎景貫《かげつら》がそれぞれ四方赤良、朱色菅江の狂名でまえがきとあとがきを書いてるのがプレミアなんですよね。

花魁から禿まで大判の1カットに五～八人の遊女がひしめいてて、実名掲載の彼女たちが詠んだ和歌とか詩は巻末じゃなくて、今度はそれぞれのカットの余白に載ってるんです。『青楼』の寄せ書きから、サイン入り（直筆じゃないですけど）のアイドル集合写真に進化したわけです。推しのいるファンが何に喜ぶのか、ほんとによくわかってるんですね。

才能ある浮世絵師の一人目、政演の話がちょっと長くなりました。二人目の話もしなくちゃいけません。誰って、もうおわかりですよね。喜多川歌麿です、染谷将太さんの演じる。ただ、蔦重と歳も近いこの天才がどーんと世間に名前を売るのは、実はもう少し先なんですよ。この後、別の章でゆっくりお話ししますね。

二元中継——江戸の町から江戸城内へ

ところで、この『吾妻曲狂歌文庫』が大ヒットしたその翌年、1787(天明7)年、一つの大きな人事異動がありました。地本問屋とか書物問屋とも、ましてや吉原とも全然違う、別の世界での出来事です。

江戸幕府の老中、つまり将軍はおいといて、時の政治、マツリゴトをやる最高のポジションにいる４～５人の人たちですけど、そのトップが交代したんです。

交代前の老中が**田沼意次**、交代後が**松平定信**です。歴史の教科書で習ったことを思い出してみますと、どろどろのワイロまみれの悪玉田沼がクビになって、クリーンで厳格な松平定信が、たるんだ世の中をビシッと引き締める……みたいなストーリーでしたね。ボクもそう習いましたよ。

この松平定信が大事なところでしてね。定信が、「享保の改革」に続く江戸時代二度目の改革「寛政の改革」を行うところまでは、皆さんご存じだと思います。

しかしこの「寛政の改革」が、やがて絶好調の蔦重やその他の版元、戯作者や狂歌師、浮世絵師なんかを含めて、出版とかアートとか名のつくものすべての、何と言うか首をですね、こう、ぐいぐいと絞め上げていくんです。

ここいらで二元中継ってことで、庶民が大勢わさわさしてる江戸の街中から、お江戸のど真ん中・江戸城の中にカメラを移して、そこで起こったことを追いかけてみましょうか。ひとことで言えば、ドロドロの権力闘争です。

プロデューサー蔦重は
江戸時代の高田文夫だった！

第3章

「バブル」田沼から「コンプラ」定信へ

実はすごかった
〝タヌマノミクス〟
田沼意次

勘三郎さんが激怒した大河の「二元中継」

さて、蔦重が生きていた時代、江戸城の中で何が起こっていたんでしょうか。これまでドラマに取り上げられることがあまりなかった時代ですから、よほどのマニアでない限り詳しい方は少ないんじゃないかと思います。

蔦重の話だけでいいよ、とおっしゃる方がおられるでしょうけど、そういうわけにもいかないですよね。1年間、今とは全然違う時代の話を進めていくんですから、市《し》井《せい》の人の話だけじゃ持ちません。同時進行で、その時代がどんな時代だったのかっていう政治の話もやっていかないと。

過去の大河で言えば、『元禄繚乱』（1999年）も、中村勘三郎さん――当時は勘九郎さん――が演じる大石内蔵助《おおいしくらのすけ》とか四十七士のパートばっかりだけじゃなくて、江戸城の中の話も同時並行でやってましたね。

でも、『元禄繚乱』は、主人公のはずの勘三郎さんの出番があまりにも少なかったたんです。徳川綱吉役の萩原健一さんの出番のほうが多くて、どっちが主人公かわからないくらいだったそうで、勘三郎さんにお会いしたとき、「ほんと、あの時は相当もめたよ」という話をのちのち伺いました。

それに内蔵助の妻・りく役が大竹しのぶさんだったんですが、勘三郎さんの提案で元夫の明石家さんまさんにバツイチの旅館の主としてゲスト出演してもらったんですね。さんまさんが勘三郎さんの内蔵助に向かって、元妻への恨みつらみを愚痴ってから、「あんたの嫁はんはよろしいな」と言った次のカットに大竹さんのりくが映る……という場面を撮影しました。ところが、それも含めた登場シーンはほぼほぼ全カット。以来、さんまさんは大河に出られてないような……。

そんなこんなでストレスを溜めた勘三郎さんと脚本の中島丈博さんとの間でバトルがあったという話もちらっと聞きました。こういう「二元中継」ものをやる時は細心の注意を払わなきゃいけないいんでしょうねえ……。

GOODな時代とBADな時代

さて、江戸時代は250年以上続きました。「平和が続いた」「町人文化が花開いた」とか色々言いますけど、何だかんだで山あり谷ありだったわけです。その流れをその節目、節目のキーマンの名前といっしょに並べると、初代の家康から始まって、

元禄時代　　徳川綱吉（5代将軍）
享保の改革　徳川吉宗（8代将軍）
★田沼時代　田沼意次（老中）
★寛政の改革　松平定信（老中）
大御所時代　徳川家斉（11代将軍）
天保の改革　水野忠邦（老中）

……という感じ。だらしのないBADな悪政の時代の次に、きちんとしたGOODな政治の時代が来て改革やってる、みたいに教わったのを思い出した方もおられるで

しょうね。

23歳の蔦重が吉原に「耕書堂」を出した1772（安永元）年の1月に、田沼意次が老中に昇格しました。それから14年後、1786（天明6）年に意次は老中を辞職。要は失脚するんですね。ちょうど蔦重が出す黄表紙がバカ売れしてた頃ですから、蔦重の生涯の前半は、このBADな田沼時代とシンクロしていることがわかります。

そして、その翌年の1787（天明7）年、松平定信が次の老中首座に就いて、寛政の改革が始まります。

蔦重は、このBAD／GOODの二つの時代をまたがって生きたことになるんですけど、実は絶好調だった蔦重の出版ビジネスは、そのGOODのはずの寛政の改革をきっかけに、すごい逆風に見舞われるんですよ。

なぜなんでしょう？　そのエピソードについて語る前に、もう少しこの時代についてお話ししとかなきゃなりません。

噴火、大洪水、そして大飢饉……実はひどい時代だった

実はですね、ここまで出版の世界の景気のいい、お気楽極楽なエピソードをお話ししてきましたけど、同じころには日本中で大変なことがいくつも起きていたんです。まとめるとこんな感じです。

１７６９（明和６）年　日向灘《ひゅうがなだ》大地震
１７７０（明和７）年　大干ばつ（〜71年）
１７７２（明和９・安永元）年　明和大火・辰の洪水・干ばつ
１７７３（安永２）年　疫病流行
１７７９（安永８）年　桜島噴火
１７８２（天明２）年　天明の大飢饉（〜87年）
１７８３（天明３）年　浅間山噴火・霜害
１７８６（天明６）年　天明の大水害・江戸大火
１７８７（天明７）年　江戸で打ちこわし多発

少なくとも数年にいっぺん、よくもここまで……と絶句するくらい、次から次へとひどい災難が起こったんです。

天明に入った後だけでも、まず信濃国《しなののくに》（長野県）と上野国《こうずけのくに》（群馬県）の境にある浅間山の大噴火。死者1624人、流失家屋1151戸、焼失家屋51戸、倒壊家屋130戸余りという大きな被害が。浅間山としては、記録に残ってるうちでの最大規模の噴火でした。爆発音が何と京都まで聞こえて、加賀藩、今の石川県の金沢では、爆発の振動で行燈の油がこぼれたんだそうです。

しかも、その大量の火山灰やら泥流やら溶岩やらその他もろもろで利根川の川底が上がってしまって、3年後の7月にその流域で大水害が起こったんですよ。集中豪雨で江戸中に濁流が押し寄せて、今の埼玉県・栗橋あたりから南は「海のごとし」。江戸の三大水害の一つとも言われて、江戸でも特に小石川や下谷、浅草、本所、深川が水浸しになったんだそうです。

吉原は浅草近辺ですけど、最初は「葦原《よしわら》」って呼ばれてたくらい町はずれ、葦が茂る湿地帯を埋め立てて出来た場所ですからね。この時はかなりの被害にあってるはずですよ。

極めつけは、１７８２〜１７８７年の5年間も続いた天明の大飢饉です。江戸時代の始まりから明治維新の間の約２６０年間でも、最大の飢饉だったそうです。東北の農村を中心に死者はわかってるだけで約2万人。当時、各藩は何かしくじるとすぐ改易させられるから、それを怖がって実態を隠したので、実際は50万人以上だったと言われているそうですね。

死んだ人の肉を食ったり、それに混ぜ物を入れて「犬の肉」に〝偽装〟して売ったり……とか、とにかく悲惨なエピソードが残っています。そんな地方から江戸にすごい数の難民が流れてきたそうですから、吉原にもそういう女の人がたくさんいたんじゃないでしょうか。

蔦重が江戸で大活躍していた頃、日本の各地はそんな状態だったんです。それを知ってて吉原でドンチャン騒ぎをしていたんだとしたら、江戸だけ別の世界だったのかな？　と首を傾《かし》げたくなりますけどね。

歴史は変わる⁉

そんな時代に、田沼意次はいったい何をやったのか。やっぱり「わいろ」を連想する方が少なくないでしょうね。老中である意次自身がわいろを当たり前のようにもらっていた、と。少なくとも50代のボクはそう習いました。

しかしですね、キャスティングを見てくださいよ。渡辺謙さんでしょ？　夜な夜な越後屋とかと密談して、ロウソクの明かりの下で「ふふふ、ヌシもワルよのう」「へっへっへ、老中様こそ」っていう小物キャラで収まるわけがないじゃないですか。

最近、歴史の教科書がどんどん書き換えられてますよね？　鎌倉幕府が始まったのがイイクニの１１９２年じゃなくなったり、吉田松陰や坂本竜馬が教科書から消えかけたり、聖徳太子の肖像画が、実は昔の1万円札のあの顔じゃなかったり……という具合に。実は意次も、実像が全然違っていて、評価がガラリと様変わりしつつあるんですよ。

そもそも、なんで「悪徳老中」みたいな評価が定着しちゃったのか、それにもどうやら深いわけがありそうなんです。ですから、今回は、実はすごくカッコいい意次、いい役の意次になるんじゃないかと思っています。

じゃあ、ここいらで田沼時代から寛政の改革あたりまでの歴史を、駆け足で振り返ってみますね。

ヒラの老中でも実質ナンバーワン

１７７２（安永元）年から14年間、老中の座にいた意次。老中は10万石以上の譜代大名から将軍の意向とか幕閣の推薦・相談で四〜五人が選ばれ、将軍の補佐として政治を取り仕切るんですが、そのトップを老中首座と言います。意次は首座ではなかったんです。首座は石坂浩二さんが演じる**松平武元《たけちか》**でしたが、意次には家治《いえはる》からの信頼度とか、そこまでのし上がってくるだけの政治的な手腕があったんでしょうね。肩書はヒラの老中でも、実質ナンバーワンだったんです。

身分制度についてあれこれ言われる江戸時代において、実は意次は「成り上がり」なんです。紀州藩の足軽だった父親の意行《おきゆき》を、名君と言われた紀州徳川家の嫡男・吉宗が側近として取り立て、その後8代将軍となったときは将軍小姓として引っ張られ、旗本に抜擢されたんです。それで息子の意次は次の9代家重の西丸小姓となり、10代家治から100％の信頼を得て側用人、そして老中に上り詰めたんです。足軽っていうから、普通の中流家庭から総理大臣へってとこでしょうか。

それに意次は超イケメンでして、老中として初めて出仕したときは、見物人がたくさんいたそうです。最初に仕えた9代将軍家重は体が弱いうえにしゃべりに障害があって大奥にこもりがち。側近たちや大奥の女中たちとの折衝がいっそう大事になったんです。

意次はまずイケメンっていうアドバンテージに加えて、マメに贈り物を渡したりしてコミュニケーションを取ったから、大奥すべてを味方につけることができたんだそうです。ちょっと田中角栄さんとカブりますね。最近、角栄さんすごい見直されてますもんね。目配り・気配り・心配りの人だな、みたいな。下から駆け上がっていく人って、みんな気配りの人なんですよね。

〝タヌマノミクス〟の中身

そんな意次がまずどんな政治を行ったのかというと、教科書みたいでありきたりな説明ですけど、産業を興し、商業を盛んにして豊かな暮らしが出来るように、あれこれ手を打ったんです。タヌマノミクス、オキツグノミクスで経済活性化、というところでしょうか。

何をどうしたかというと、大坂商人のお金を使って、今の千葉県の利根川水系にある印旛沼とか手賀沼を、新田として開拓しようとしたんです。

それに長崎で貿易を盛んにしたり、金銀が海外に流れ出るのを抑えたり、蝦夷地開発や、その頃やたらと接近してきたロシア――ペリーのアメリカよりこっちのほうが先に接近してきてたんですね――との通商を考えたりと、とにかく日本の中のモノやカネをガンガン回すために、あれこれ手を打っていたんです。

で、それを民間の商人というよりも、幕府が自分でやって儲けようとした。つまり、それまで町人に回っていたお金を幕府も手に入れようと、色んなプロジェクトを立ち上げたんです。そこで何が起こるかというと、もろもろのプロジェクトに入札したい業者がわらわらと寄ってくる。そこで「ぜひワタクシめを」とばかりに、底に小判を敷いた菓子折りなんかを意次の屋敷に持ってくるわけです。

それがあまりにひどかった、というのがちょっと前までの意次の評価でした。そこへ来て、世間には低俗なモノ――蔦重たちの稼ぎどころである黄表紙とかの戯作や狂歌とか――が流行って、風紀は乱れ、世相は混乱した……と。

悪いことに、そこへ地震に干ばつ、火山の噴火、大洪水に大飢饉が重なりまして、農家は貧乏の極み、今の日本国内の状況なんて比べ物にならないような物価高でみんな苦しんだわけです。

そして、全国で打ちこわしや農民一揆が続々と発生。そのさなかの1784（天明4）年、意次の息子の**意知**《おきとも》――宮沢氷魚《ひお》さん。お父さんがTHE BOOMの宮沢和史さんなんですね――が、旗本の**佐野政言**《まさこと》に江戸城の中で斬殺されるという大事件が起きます。

江戸の庶民はそれを悪徳・田沼への天罰だと考えて、政言を「世直し大明神」と言ってもてはやしたと言われてます。その2年後の8月に10代将軍・**家治**――眞島秀和さん――が死亡し、2日後に意次は老中を辞職。減封と謹慎を命じられます。〝出る杭〟が打たれたんですね。

その翌年の1787（天明7）年、11代将軍に**家斉**が就いて、**松平定信**が老中首座に。世間では、こんな狂歌が詠われたそうです。

田や沼や　汚れた御世《みよ》を改めて
清く澄ませ白河の水

田沼の名前や、定信の白河藩の名前も織り込んでて、よく出来てますねえ。こういう政治とかのびみょーなところに触れる狂歌はだいたい匿名で、普通の無名の人がボソッと詠んだやつがＳＮＳでバズるみたいに広まっていったんでしょうけど、もしかしたら大田南畝とか、蔦重の周りの誰かが内々で詠んだ作品がいつの間にか広まったのかもしれません。

で、同じ年に隠居、蟄居謹慎を命じられた意次は、１年後の７月に世を去ります。そして偉定信は意次が進めていたプロジェクトをことごとく見直したり中止したり。そして偉大なおじいちゃん・吉宗公がやったことをなぞって「武士は文武両道！　シャキッとせえ！」「ゼイタクするな、風紀を乱すな」と、世の中をビシッと引き締めるべく始めたのが寛政の改革でした。

しかし、それがあまりに厳しすぎて、世の中の人たちはかえって息が詰まりそうになってしまったようです。ひそひそ話で「あーあ、ノビノビできた田沼の時代が懐かしい」と嘆く人たちの気持ちを詠んだ狂歌がこれ。作者は他ならぬ大田南畝ですね。

白河の清きに魚も住みかねて
　もとの濁りの田沼恋しき

……とまあ、ところどころハショりながらですが、田沼時代から寛政の改革が始まるあたりまでを駆け足で振り返ってみました。

消えた田沼時代の公的資料

ところがですね。最近、このあたりをじっくり調べた方がおられるんですが、当時の田沼政治に関する公の資料が丸ごと、跡形もなく消えてなくなってるんだそうです。もちろん、ワイロに領収書を出すような人はいませんから、もともと証拠なんか残るもんじゃないんでしょうけど、あの頃の旗本や大名が書き残したそういうえぐいワイロ話を丹念に調べた結果、田沼に対する個人的な恨みを持った人や、宿敵・定信側の人が書いたものだったりと、ことごとくでっち上げだった……と結論を出した歴史家もいるくらいなんです。

しかし、公の資料がなんで消えちゃったんでしょう？　――もちろんそれがあると都合の悪い人がいたと考えるのが普通ですよね。

じゃあ、それは誰なのか？　田沼が失脚したことで誰が得をしたのかを考えると、まずいの一番に名前が挙がるのは、松平定信でしょう。ところが、どうもそうじゃないらしいんです。

意次と組んで意次を持ち上げてから、クルッと手のひらを返してクビにして、次に引き上げて老中首座にした定信を、6年後の1793（寛政5）年、これまた用済みにした人物が、実はいたんですね。

怖いですねえ。誰なんでしょう？　……老中に指図できる、老中より偉い人といったら将軍とか将軍家でしょうか。でも、10代**家治**は意次と一心同体、意次イチオシの側室・**知保の方**――高梨臨さん。旦那さんは元浦和レッズの槙野智章さんですね――との間に**家基**《いえもと》――奥智哉さん――が生まれていますからね。11代家斉にいたっては、家治が死んでから将軍の座に就いたとき、わずか14歳。意次をどうこうする以前の問題です。

ん？　と思われた方、スルドイですねえ。はい、家基はなんで11代将軍にならなかったのか？　……実は家基は、名前に「家」の字をいただきながら将軍になれなかった唯一のお世継ぎなんですよ。なぜなら１７７９（安永８）年、18歳で死んだから。「家」がつかない将軍は四人もいますけどね（２代秀忠、５代綱吉、８代吉宗、15代慶喜）。

なんだ、それだけかよ……とがっかりされたら、やっぱりスルドくないかもしれません。

実は、家基がなぜ死んだのかがハッキリわからないんです。残ってる記録もまちまちだったり、また聞きの話を書いただけだったり、死んだ原因についても内容がバラバラ。病気なのか、ケガなのかすらハッキリしないんですよ。

ここまで来れば、家基じゃなくて14歳の家斉のほうを将軍にしたかった人は誰だ？という謎が浮かんできます。

江戸城内で本当にあった怖〜いハナシ

田沼意知

徳川家/御三家/御三卿　略系図

家基の死後は、一橋家が将軍位を独占

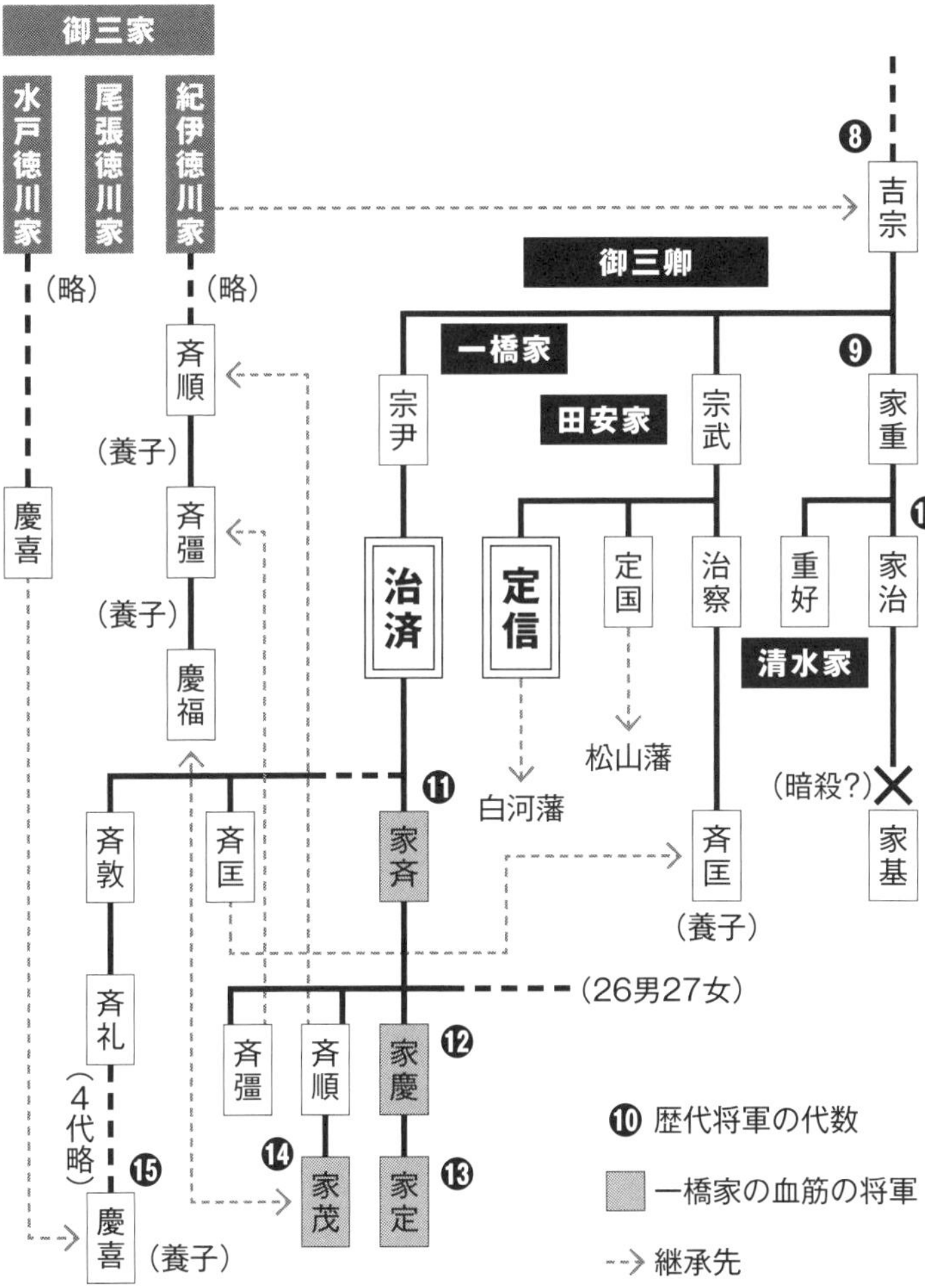

出典：秦新二・竹之下誠一『田沼意次 百年早い開国計画』掲載図をもとに作成

将軍家から将軍位を奪った「御三卿」一橋家

前ページの略系図をご覧いただくと、家康以来の徳川将軍家の血筋以外で初の将軍となった8代・吉宗（御三家の紀州家出身）の名前が見えます。

そこから9代**家重**、10代家治と将軍家の流れが続くんですが、次の家基に「×」印が。そして11代目が左寄りの家斉に飛んでいってますよね。「御三卿」の「一橋家」とあって、12代目以降はその一橋家が代々の将軍の座をゲットしています。

つまり将軍の座は、この時から徳川将軍家から一橋家に〝奪われた〟恰好になっちゃったんですよ。みんなが知ってる15代将軍・一橋慶喜は、御三家の水戸徳川家から一橋家に養子に入っています。

で、図の中に「御三卿《きょう》」って書いてありますよね？　これが何かを説明するには、ちょっと字数が要ります。初代・家康が徳川の血筋が絶えぬように、あるいは本家の後継ぎの出来があんまりよくなかった場合の〝スペア〟を持ってくる家として設けたのが、さっきお話しした御三家です。

それを名君・吉宗が真似して、自分の次男・宗武と四男・宗尹《むねただ》をそれぞれ田安、一橋、９代将軍となった嫡男・**家重**の次男・重好を清水と名乗らせ、それぞれの家の初代当主にした。これが御三卿なんです。要は〝ネオ御三家〟ですね。舟木一夫・西郷輝彦・橋幸夫に対する、西城秀樹・野口五郎・郷ひろみみたいなものです。あ、たのきん（田原俊彦、野村義男、近藤真彦）はもっと後ですね。

吉宗は、世継ぎを残すシステムとして「これ、いいね」と思ったんでしょうけど、それ以上に、吉宗自身が御三家とシビアな権力闘争をしたことで、「あいつらには将軍位はもう継がせねえ」と考えたからだと言われています。

ところがその後、その御三卿の一つ、一橋家が徳川将軍家に取って代わってしまったわけですよ。じゃあ、そうなるような工作をやったのは、一橋家にゆかりのある人でキマリですよね？

今、このへんの歴史研究が進んでいて、将軍の座を乗っ取った黒幕は、11代家斉の実の父親、**一橋治済《はるさだ》**だと言われているんです。

サイコパス？『大奥』仲間由紀恵に恐れおののく

NHKドラマ10『大奥』シーズン2（2023年）をご覧になった方は、一橋治済のことを、というか治済の怖さをもうご存じでしょう。男女逆転させて描いた『大奥』で仲間由紀恵さんが演じた治済は、「江戸城の真の主役はわたくしです」と微笑みながら、松下奈緒さんの意次、安達祐実さんの松平定信を振り回し、自分にとって邪魔な人たちを、手下を使って淡々と殺していきます。相手が目の前でのたうち回って死んでいくのを、楽し気に見つめていましたね。

しかも、人を殺すにしてもその動機がよくわからない。息子の家斉を将軍の座に就けて、権力をほしいままにするのはともかく、本当は何がほしい人なのかがハッキリしません。だからドラマ中最大の悪役、モンスター級の悪役なんですよ。グーグルで治済の名前を検索しようとすると、同時に「サイコパス」という単語が現れるくらい、観た人にインパクトがあったんだと思います。

『べらぼう』で治済を演じるのは生田斗真さんです。大河『鎌倉殿の13人』（2022年）で演じたのが源仲章《なかあきら》。鶴岡八幡宮での源実朝暗殺の時、北条義時と間違えて公暁に斬殺される役なんですけど、義時役の小栗旬さんが「あいつムカつく」と苦笑いしてたくらいイヤーな悪役。ほんとにいい演技でしたね。

生田さん、配役が決まった後のインタビューで、「（源仲章の）あまりの悪役ぶりに、多くの皆様に嫌われる事となりました（笑）」「今回は〝なんかむかつく仲章〟を超えるべく、怪物と呼ばれた男、一橋治済をつとめます」とコメントしてます（笑）。大河の悪役が板についてきましたね。

治済黒幕説ももちろん十分ご承知のようで、「ニコニコしながら邪魔者を次々と排除していく気味悪さを身勝手に演じたいと思います」「人当たりが良くて、すごく優しそうなのに、非道な行いを平気な顔でやり遂げていく。そんな治済を目指していきます」

と。これはかなり期待できそうです。

ここからは、先にお話しした田沼時代から定信・寛政の改革までを、治済の立場からお話ししますね。

重要な人物が何人か死にます。というか殺されます。もちろん、「殺した」なんていう記録は残っていませんし、その証拠が今さら出てきたわけじゃないですから、ぜんぶ憶測と言えば憶測です。でも、治済が殺させたと考えるとツジツマが合う、という人の死がけっこうあるんですよ。将軍の血筋をめぐるドロドロが、実は徳川にもあったことを、今まで大河で描いたことはありませんから、そこを頭のスミに置いとくと、もっと楽しめますよ。

意次と手を組み、定信を追い出す

一橋治済は1751（宝暦元）年、一橋家の2代目——吉宗の孫ですね——として生まれます。田沼意次よりも32歳年下で、息子の意知よりもさらに2歳年下。8歳で徳川を名乗り、14歳で一橋家の家督を継ぎます。

徳川幕府「中興の祖」で「家康公の生まれ変わり」とも言われていた名君・吉宗の孫ですからね。将軍になりたい、という野心はもちろんあったと思います。

しかし、ライバルが超・強力でした。8歳年下の田安定信、後の松平定信なんですよ。

定信は治済と同じ吉宗の孫。1758（宝暦8）年、御三卿・田安宗武の七男として生まれました。幼名は賢丸《まさまる》。上の兄弟は生まれて間もないうちに多くが亡くなっていて、家督を継いだのは宗武の五男の治察《はるあき》なんですが、病弱でしかもさほど賢いというわけではなかったんだそうです。

それに対して、定信は幼い頃から賢くて優秀。「吉宗の生まれ変わり」とまで言われたほどで、将軍後継者の大本命だったんです。

そこで、治済はまず意次と手を組むんですよ。意次は徳川将軍家の家治とがっちり組み、その嫡男の家基の母・**知保の方**、早くに死んだ次男・貞次郎の母・**お品の**

方――と、将軍家周りは大奥までパイプがあったんです。そして実は治済の嫡男・家斉の生母、お富の方ともしっかり繋がりを保っていました。さすがに抜け目がないですね。

意次は家治に続いて家基とも仲良くやっていきたいですから、3歳年下の家基を追いつめかねない定信は、やっかいな存在だったわけです。

治済はそのあたりの力関係は十分承知していますから、まず意次と組んで17歳の定信を東北の11万石の弱小藩・白河藩――今の福島県白河市です――松平家に養子に出させるようアドバイスして、それを成功させるんですよ。

定信の兄・治察には子がいなかったから、田安家は反対するんですけど、田安定信が松平定信になって、ハイ一丁上がり！　となったわけです。

治察が早くに亡くなったとき、田安家は白河家から定信を取り戻す約束を意次としていたはずが、それをホゴにされたと言われています。定信の意次に対する恨みつらみのルーツは、この時でしょうね。

食い違いまくり……家基の死の記録

問題はその4年後、もうお話ししましたけど、1779（安永8）年2月21日、江戸・東海寺《とうかいじ》と御殿山――今の東京・北品川のあたりです――に鷹狩に出かけた家基の死なんです。それについて残っている記録を色々見てみましょうか。

まずは『徳川実紀《じっき》』、幕府の公式のやつです。

「大納言家基様は、新井宿の辺りで放鷹をおこない、東海寺にて休憩中、突然発病され、急いで千代田城に帰城された」

（秦新二・竹之下誠一『田沼意次 百年早い開国計画』より）

とあって、お城が大騒ぎになり、22日に何だか偉い人に祈禱……お祈りを頼んだりしたんだけど、結局24日に亡くなりました、とまあシンプルですね。

しかし、その東海寺のお坊さんの記録もあるんですけど、時間とか場所とかが全然食い違ってるんですよ。

それじゃあ、と別の記録を見てみると、

「去る二月二十一日、大納言家基様が目黒筋にて鷹狩をおこなったが、お出かけ先にて具合が悪くなり、江戸城に戻られた。それ以後、病状はよろしくなく、（中略）本日二十四日、これまた総出仕の折、その日の巳の刻半ばに大納言家基様が亡くなったという報せがあった。奥医師の面々が、朝夕、家基様の健康状態をお尋ねしていたのに、どうしたことか、それほどのことは聞いていないという噂もあった。（中略）家基様の健康状態はよろしかった。（中略）『今日のおでかけはおやめになりましたら』と申し上げたのに、お聞き入れにならずにお出かけになった」

「お出かけになられた先では、家基様はひどく息切れされた。『輿に乗っても苦しゅうはないか』とのお尋ねがあり、鷹匠頭の内山七郎兵衛永清が『まったくそのようなことはございません』と申し上げたので、さっそくお乗りになり、御膳所である東海寺へ入られた。そのとき激しく吐血され、そのさまは、お供してきた者が持っていた鼻紙をすべて使いきってしまわれたほどだ。お供をしてきた医師と薬箱を持っていた者は近くにおらず、これに間に合わなかったとか、いたって不適当であることだ。（中略）本日はとりわけ物品の数（家基の獲った獲物の数）が多かった」

（ともに秦新二・竹之下誠一『田沼意次 百年早い開国計画』より）

2つとも別々の文書ですけど、『徳川実紀』だと病気で急に死んだっぽいのに、それ以外のはだいぶ様子が違いますよね。血の吐き方がね、かかってから1日、2日でこれだけ血を吐く病気なんてあるんですかねえ。どっちかというと、大ケガに見えますよね。かといって、刀で斬られたとか、鉄砲で撃たれたって感じでもなさそうです。そもそも、病気と大ケガって全然別ものですからね。

なんか変だなあ、おかしいよなあ……と書き手が思っているのもわかります。鷹狩で獲物をガンガン獲ってたり、『実紀』だと寝込んでるはずの日にふつーに会ってるわけですから、何か突然のアクシデントがあったのに、幕府はそれを病気だって言い張って、押し通そうとしてる——そんな空気を感じますよね。

そこで、ちょっと毛色の変わった資料を見てみますね。

「今朝、上検校の立会いのもとで大通詞《つうじ》（通訳）、小通詞により私は知らされたのであるが、昨日、将軍の世継は、狩の途中落馬し、鞍が胸に落ちた。彼はかなりの量、二瓶以上の出血があったらしい。彼は城へ連れられたが、その後、間もなく死去した。将軍はこのことを非常に深く悲しまれたため、ほとんど発狂寸前で、その苦悩のあまり、身分の高い人々を幾人か打ちのめし（て殺し）さえした」

（秦新二・竹之下誠一『田沼意次 百年早い開国計画』より）

急にナマナマしいエピソードが飛び出しましたけど、これ、当時日本に出入りしていた数少ない国・オランダのフェイトっていう商館長の記録です。日本の国内、例えば幕府の記録だったら、これほどヤバい案件だと色々ソンタクして書かなかったり何かがありそうです。

でも、外国の人が本国に報告するレポートなら別に気を遣うことは特にないでしょうし、何よりこの記録はこのフェイトが直に聞いたことだけを書いたのが、そのまま幕府の役人の目にも触れずにオランダ本国へ送られたものですから、信用度からいけば一番マシ、ということになりそうですね。

家基が「死んだ」現場にいた四人の正体

ここまでの記録を引用した『田沼意次 百年早い開国計画』っていう本が、このあたりをすごく細かく調べて推理してるんです。面白いですよ。

まず落馬して外れた鞍が胸に落ちて死んだんだとしたら、当然切腹するはずの馬方役人が、逆に大出世してるんですね。いっしょにつき添った鷹匠もそう。さらに家基の警護についていた二人が御庭番——ＣＩＡとかモサドみたいなスパイ、幕府の諜報機関ですね。吉宗が作ったセクションだそうです——の一家の一員で、その二人も切腹どころか、やっぱり大出世してるそうですよ。

細かいところは飛ばしますけど、鷹狩をやった場所やそこの地形、その場を管理する責任者なんかの情報をまとめて分析して、家基は２月21日の鷹狩で、東海寺と御殿山っていう場所を行ったり来たりしたあげくに御殿山の崖から突き落とされた――と、この本では推定しています。

それだけじゃないんですね。家基が死んですぐ後に「病死」する人がわんさか出る。それに家基が死んで2カ月後に大がかりな人事異動があって、一橋家と近い家基の鷹狩の責任者が、何と田沼政権の重要なポジションに出世したり、家基は死んでいるのに、家基を診た医者たちもやっぱり全員えらくなってる。

で、これらのことごとくに、治済の影が見え隠れしているっていうわけです。かくして1779（安永8）年、11代将軍になるはずだった大納言・徳川家基は、わずか18歳で死亡。治済の息子・豊千代、後の家斉が11代将軍の座に就く道が開かれたわけです。

当然ですけど、家基が死んだのは「おかしい」と、様々な噂が立ったんです。意次が殺したんじゃないか、という説も流れたそうですけど、意次が一心同体の家治の後継ぎを殺しても、何一ついいことはないですよね。

政権内対立の構図　1780年（安永9年）

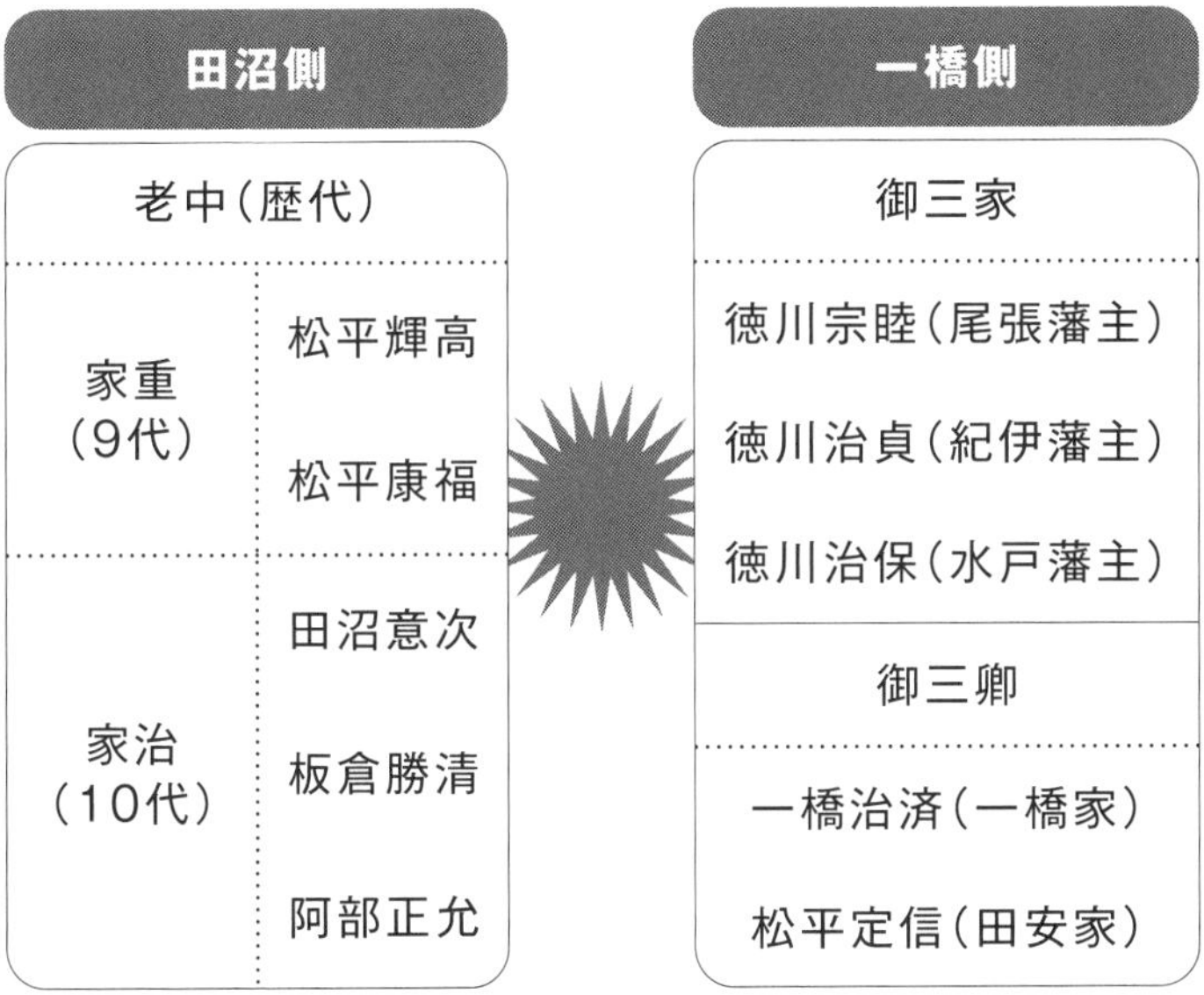

田沼側			一橋側
老中（歴代）			御三家
家重（9代）	松平輝高		徳川宗睦（尾張藩主）
	松平康福		徳川治貞（紀伊藩主）
			徳川治保（水戸藩主）
家治（10代）	田沼意次		御三卿
	板倉勝清		一橋治済（一橋家）
	阿部正允		松平定信（田安家）

秦新二・竹之下誠一『田沼意次 百年早い開国』掲載図をもとに作成

一方、後々の話ですけど、治済のはからい？　で将軍の座に就いた家斉は、晩年になっても家基の命日には必ずお墓に行っていたそうです。「いや実はな……」としゃべっちゃうようなお父さんじゃなさそうですが、何も聞かずとも、うすうす真相にカン付いていていたのかもしれません。

邪魔者は徹底排除

さて、家基という邪魔者を消し去った治済は、定信を追い落としたときは仲良く組んでいた意次を、今度はツブすほうに１８０度転換します。

なぜなら、意次はいずれ息子の意知に老中の職を譲りますけど、そのとき家斉を操るのは、治済にしてみれば意知ではなく家斉の父、自分じゃなきゃなりません。もっと言えば、現将軍の家治はまだ若いから、家斉のライバルとなる男の子をまたつくっちゃうかもしれません。意次と同様に家治も邪魔なんですね、治済にとっては。

で、やったのはまず意知の暗殺です。1784（天明4）年3月24日夕方、江戸城内で、老中・田沼意次の息子で若年寄の意知が、代々江戸城の番士、つまり江戸城、殿中の警護に当たっていた佐野政言――今回演じるのは矢本悠馬さん、大河は3度目だそうですね。『真田丸』（2016年）のスピンオフムービー『ダメ田十勇士』で共演しました――に斬り付けられて命を落とすんですが、これも治済の仕業では？　とささやかれているんです。

まずは何が起こったかをお話ししますね。この頃36歳の意知は、もう意次の下で、今で言えば大臣くらいの仕事を任されてたんですが、この日、仕事仲間三人といっしょに御用部屋を出て、中乃間を通り桔梗乃間に来たあたりで、突然、政言が「覚えがあるであろう」と3度叫んで、後ろから意知に斬り付けたんです。

逃げようとした意知に、政言はさらに斬り付けたんですが、今度は柱に当たって不発。仲間三人はそれを止めようとせずに走って逃げました。意知も逃げようとしたんですが、肩に長さ3寸（約10センチ）、深さ7分（2・65センチ）――って聞くだけでうわーってなりますね――の傷を負っていて、もはや自由に体が動かせなかったんですね。

追いかけた政言が意知の腹に刀を刺そうとし、意知は鞘《さや》ごと使ってそれを防いだんですが、政言の刀は意知の太腿にブスリ——そこから逃げた意知をいったん見失った政言は、そこでようやく後ろから羽交い締めにされ、「本懐をとげたので、手向かいはしません」とおとなしくなりました。刀を奪われた後でその場にいた人に、懐から出した言上書《ごんじょうがき》を渡したそうです。意知はその傷がもとで3月26日に死んでいます。

政言はそのまま小伝馬町の牢屋敷に入れられます。警護役と言っても政言は三河の家康以来、代々徳川家に仕えてきた旗本ですから、「別に気が狂ったようにも思えない。理由もよく質《ただ》さぬうちにブチこむとはどういうことだ」というクレームも御三家の水戸家から出たらしいんですが、意次はそれを無視した格好で、結論は乱心——おかしくなった——。4月3日、政言は評定所で切腹。28歳でした。

その牢屋敷の一部は、今は十思《じっし》公園っていう公園になってるんです。地下鉄の小伝馬町駅からすぐの場所で、あの辺はボクもよく散歩しますよ。

焼き捨てられた政言の言上書

意次にとって、これは本当に痛かった。実の息子が斬り殺されたっていうのもそうですし、もうちょっとしたら老中のポジションを意知にバトンタッチしてもいいかな、ぐらいのタイミングでしたから、意次にしてみればこれからも田沼家が権力を持ち続ける予定がガタガタと崩れてしまったわけです。

動機は何だったのか。まずは政言の個人的な恨みを考えますよね？　言われてるのは「佐野家の家系図を、田沼親子にだまし取られた」「田沼家はもともと佐野の家来筋。カネを贈って昇進のお願いをしたのに、カネだけ取られて何もなかった」などなど、え？　そんなんで人を殺して一族郎党みんな切腹するの？　というものばかりなんです。

もちろん武士というのは、今のボクらから見ればわけがわからないくらいプライドは高いですし、人間どこに怒りのポイントがあるかわからないですから、こういう恨みつらみで暗殺に走ることもあるかもしれません。

その後、「オレが世直しする」という義憤みたいなものが動機だったということで、18項目もある田沼の悪業を書き連ねたものが出てきました。「私欲をほしいままにして御恩沢を忘れてる」とか「えこひいきをもって役人を立身させ、自派に引き入れてぃる」など、まあいい事は言ってますけど、なんかボンヤリ、アイマイですし、そもそもそれ、意知じゃなくて意次じゃね？　という内容ばっかりなんですね。

政言が現場で差し出した言上書がありましたよね。あれ、実は焼き捨てられてるんです。だから、この18項目は誰かが後からねつ造したものっぽいんですよ。実際の中身は全然違っていたかもしれません。

それに、前に政言が「世直し大明神」ともてはやされたっていうエピソードをお話ししました。今も歴史の教科書に書いてあったりしますけど、暗殺・切腹の直後にはそんな記録は全然残っていないらしいんですよ。逆に、

鉢植えて梅が桜と咲く花を
　　たれたきつけて佐野に斬らせた

……っていう落首がはやったくらい。垂れ下がるはずのない梅とか桜――意知のことですね――の枝を誰かが無理やり垂れ下げて、下にいた政言に斬らせたっていう意味です。

「幕府の高官が暗殺を指示」というオランダの記録

これについて、ティチングっていう名前のオランダ人商館長が書いた『日本風俗図誌』っていう記録があるんです。幕府のけっこう地位の高い役人と知り合いだったそうですね、このティチングっていう人は。もちろん名前は記録には書いてませんけど、その役人はかなり詳しく知っていたらしくて、ティチングは「幕府の高官が殺人を指示した」ってほぼ断定してるんですね。治済の名前は書いてないけど。

この記録だと、意知といっしょに御用部屋を出た同僚三人は、普段なら自分たちの駕籠に乗る前に立ち話をするのが常なのに、この日は急いで歩いて意知を置き去りに

してたんですね。しかも、意知が政言に斬られたとき、

「番士たちが物音を聞きつけてやってきたが、相当ゆっくりやってきたらしく、善左衛門（政言）に逃げる余裕を与えてやろうという意図があったと信ずべき十分な理由がある」

と断言してます。しかも、三人とも何の処分も受けてないし、城内の目付、つまり監視とか管理・監督役も意知が襲われてるのを遠くから見てただけ。ひとまず上に叱られて「免職」と言われてたけどそれも結局なくて、元通り目付に復帰したそうです。その場にいた目付たちは誰も意知を助けず、それによって誰も罰を受けてないんです。いやー、怖いですねえ……。

ティチングさん、匿名の高官に「頼む、書いといてくれ」って頼まれたのか、その場にいた人たちの名前を細かく書いてるんです。そして政言の家族については、

「善左衛門の妻は非常な美人で、まだわずか22歳の若さであったが、夫の死を聞くや夫の行為を褒めたたえて、夫に劣らぬ勇気をもって懐剣を胸に突き立てたのであった」

（秦新二・竹之下誠一『田沼意次 百年早い開国計画』より）

と書いてます。

「開国政策」が暗殺を招いた？

ティチングさんは、意次ではなく意知が狙われた理由について、民衆の恨みとか出世のえこひいきとかも挙げてますけど、ナルホドな見方をしてますね。

「父親の方はもう年もとっているので、間もなく死ぬだろうし、死ねば自然にその計画もやむであろう。しかし息子はまだ若い盛りだし、彼らがこれまで考えていたいろいろの改革を十分実行するだけの時間がある。のみならずまた、父親から、そのたった独りの息子を奪ってしまえば、それ以上に父親にとって痛烈な打撃はあり得ないはずだ」

（秦新二・竹之下誠一『田沼意次 百年早い開国計画』より）

しかもティチングさん、狙われたのは意次・意知の「開国政策」が原因だった、とも言ってるんですよ。

あれっ？　幕末じゃないだろって？　もちろん、ペリーの黒船来航は１８５３（嘉永６）年6月ですから、１７８８年はその65年前。２０２４年の65年前って言ったら１９５９（昭和34）年。今の上皇上皇后両陛下が結婚された〝ミッチーブーム〟の年ですから、ひと昔前じゃやすまないですよね。

でも、もうご存じかもしれませんけど、「鎖国」って言葉が生まれたのは明治になってからで、しかも実際には中国・オランダ以外とは交易してなくても、もうロシアが北のほうからさんざんチョッカイを出してきてた。国内でも耳のいい人たちには、ボクらが今想像している以上に海外の情報が入ってきてたんです。

プレ開明派？　意次を囲む異色の面々

意次の周りには、海外の事情や新しい技術に詳しい人たちがゾロゾロいたんです。まず**平賀源内**。エレキテルを発明した発明家で、蘭学者、医者、地質学者でもあり、しかも浄瑠璃なんかの芝居も手掛けるし、蔦重の出した本の序文も書いた戯作者でもありと、とにかく何でもできる天才ですね。意次から相当気に入られていたらしく、長生きしていれば意次から大きな仕事を請け負ってたんじゃないでしょうか。安田顕さん、この変人を「軽妙洒脱に」演じるとおっしゃっているんで、楽しみにしてます。

有名な『解体新書』を出した**杉田玄白**はその源内のお友達です。ちょっと脱線しますけど、オランダ語の『ターヘル・アナトミア』を日本語訳した『解体新書』にして出すときに、オランダ語にあっても日本語にない言葉はどうするんだ？　というところで苦労したそうですね。

何せ人体の解剖禁止の時代ですから、そもそもどこにどんな内臓があるのかすら知らない。だからナイショで死体を解剖して、翻訳したオランダ語に当てはまる「軟骨」とか「動脈」っていう新しい日本語を考えなきゃならなかったんですね。

ちなみに、2022年秋のドラフトで広島カープに入団した、慶應大―トヨタ自動車出身の長谷部銀次というピッチャーは、母方の先祖が杉田玄白なんだそうです。さすがに学業優秀で、慶應大にAO入試で入学して野球部へ。カープに指名された日が玄白の誕生日と同じ10月20日。昨年、宮崎のキャンプでごあいさつして「玄白の墓参りに行きましたよ」とお伝えしました。大学時代、ちょっと肩が痛くなって、コーチに相談したら「じゃあ『解体新書』読め」って言われたそうですね（苦笑）。

さらに、仙台藩の藩医であり経済学者の**工藤平助**。平助は、南下してくるロシアをほっとくと、蝦夷地が占領されてしまう！　と警告する『赤蝦夷風説考』という本を意次に献上し、それを読んだ意次は蝦夷地に調査隊を派遣することを決めました。江戸・築地にあった平助の自宅には、朝鮮・琉球・蝦夷についての『三国通覧図説』や『海国兵談』を書いてロシアの脅威なんかを説いた**林子平**もそこに出入りしてたんだそうです。

もうちょっと細かく言いますと、『赤蝦夷風説考』を読んでショックを受けて、意次に「調査しましょう」と進言したのが第2章でも登場した土山宗次郎です。勘定組頭っていうから、今でいう財務省の局長クラス。意次の右腕の超エリートですね。この方は吉原での遊び方がすごいので有名。金遣いが荒かったんです。で、よく出入りしていた妓楼・大文字屋——伊藤淳史さんですね——の遊女の誰袖——福原遥さん——を何と1200両で身請けします。今なら1億円超の金額だそうですよ。誰袖は蔦重を想ってたヒロインなんですが……。

実際に蝦夷地の調査に行った調査隊の中に**最上徳内**がいました。徳内は江戸幕府普請役の探検家です。今の北海道の調査隊として幕府に派遣されました。数学や測量に詳しくて、ロシア語もアイヌ語もＯＫ。樺太も含めて計9回蝦夷地に行ってます。

蘭学とかヨーロッパに詳しくて、「蘭癖《らんぺき》大名」と呼ばれるほどだった薩摩藩主・**島津重豪《しげひで》**も意次と親しい人物でした。名前の通り豪快で行動派。藩校を建てたり世界地図を作らせたり天文学や漢方医学を奨励したり。後に娘が11代家斉の正室・広大院となります。大河ドラマ『篤姫』（２００８年）の主人公・天璋院篤姫の「篤姫」は、広大院の別名をそのまま使ったそうですね。

類は友を呼ぶって言いますか、後に言う開明派だった意次の周りには、こういう異色の人材が何人もいたんですね。当然、そのあたりの情報も見識も、他の幕閣とは段違いだったんだと思います。

蝦夷地で、超大規模な新田開発を

実際、意次は蝦夷地の開発とロシアとの貿易交渉に手を付けるんです。ロシアは1697年にカムチャッカ半島に到達し、拠点を築くと、その後も千島列島伝いに南に降りてきて、1778（安永7）年にはもう松前藩に交易を要求してきてたんです。

それとは別に、蝦夷地で獲れるニシンとか鱒とかが、綿の栽培に使う肥料の原料・搾《し》め滓《かす》に使えることが大きかった。木綿は主に関西より西のほうで重要な産業になってましたからね。もう一つが海産物。ナマコとかアワビとかフカヒレですね。中国の高級料理へのニーズが増えたんだそうです。

その徳内なんかが行った1785（天明5）年——意知暗殺の翌年——から2年かけて行われた蝦夷地調査は、まさに幕府始まって以来のスケールで、東（東蝦夷〜国後島）西（西蝦夷〜樺太）に分かれ、10カ月かけて調査してレポートを出すんですけど、その提案がすごい。超大規模な新田開発なんですよ。

蝦夷地本島の10分の1を開発するだけで何と583万石、それも内地の半分の生産効率で計算しても、です。当時の幕府の石高が約400万石ですから、それより多い、日本全国の石高約3000万石の2割弱に当たる計算になるんですね。

いやー、夢のある話じゃないですか。と言うより、天明の大飢饉の最中でしたから、相当切迫感があったでしょうね。内地でのお米の生産はもう頭打ちなうえに凶作続きで、他の産業振興を進めなきゃならなくなってたわけですし。それだけ幕府や各藩が食っていくやり方が、米一辺倒じゃどうしようもなくなってたんですね。

こういう新しいことを、意次がやるまで幕府の保守派はまったくやってこなかった。と言うか、そういう国際情勢とか日本の中の経済の変化にカン付いてなかったのかもしれませんね。それを、どこの馬の骨だかわからん奴らとつるんで、わけのわからんことを始めた――血筋自慢の徳川家の人々なんかには、そう見えたんでしょう。

その代表が治済だったのかもしれませんね。自分が理解できないものを、自分より格下のはずの奴が、手の届かないところでガンガン進めるのは、オドロキとか恐怖、嫉妬の感情を引き起こすんじゃないでしょうか。

先のティチングさんの話に戻ると、オランダも幕府に開国の進言をしたり、貿易拡大工作をすすめてましたから、意次には期待してたし、逆に意次への風当たりも感じてたんでしょう。意知の暗殺で、うーんこれは開国が難しくなるかな……としかめっツラで腕組みしてたかもしれませんね。

病床の家治に飲ませる薬に「ひと匙《さじ》加えた」医者

意知暗殺から間もなく、意知暗殺の現場にいた50歳の若年寄が一人、辞職して死亡。10月には、オランダ商務館の記録で「田沼が失脚することがあれば、彼は切腹する。もし切腹しなかったら、毒殺される可能性がある」と書いてあった開国派の長崎奉行が48歳で死亡……と、とにかく人がバンバン死んでいったんですね。

それも意次派、一橋派に関係なく。ヤバいですよ。治済が、敵はもちろん味方だった人も「もう要らない」「しゃべられたら面倒」と目をつけたらどんどん消していったんじゃないかと言われてます。

そして翌１７８６（天明６）年夏、10代将軍・家治が突然倒れます。祈禱しても効き目がなくて、枕元に典薬――医療と薬の係――が大勢呼ばれたんです。処方の書類を出して配合を終え、一人が調合して全員がチェックし終えたところで、一人がそこにひと匙新たに加えたんです。他の典薬たちがそいつに「我々みんなで配合したのに、それは納得がいかん。何を加えたんだ」と言ったら、「秘伝の薬です」。

他ならぬ将軍に飲ませる薬ですから、おかしなことになったら切腹モノです。他の典薬たちが「余計な分を入れるな」って怒るんですけど、意次が「そいつは名医の評判があるから将軍家が引っ張った。手柄のつもりで入れたんだろう」とかばったんです。その後、反対した典薬たちは不服だってことで席を外したんですが、薬はその追加分も含めたまま家治に処方されました。

ところが、その日の深夜から家治の容態は急変して危篤状態に。そのまま息絶えたんだそうです。50歳でした。

老中辞職へ追い込まれる意次

ア然。ボー然ですよね。家治が飲んだ薬に加えられた最後のひと匙が何だったのか、気になりますよね？　それを加えた医者をかばった経緯を知ってか知らずか、世間ではまず「意次が毒殺した」という噂になったんです。もっとも、意次がそれまで自分と二人三脚で来た家治を殺しても、何のメリットもありません。むしろ、後ろ盾をなくした危機的状況に陥るだけですからね。

家治が死んだ2日後の8月27日、意次は老中辞職に追い込まれます。家治が死んだ後を仕切ったのは水戸藩中興の祖と呼ばれた水戸治保ほか御三家の面々と、治済でした。

その前日あたりに、意次は自宅に田沼派の人たちを集めて、家斉が将軍の座に就いたら誰が何をするかを決めていたそうです。でもそうは問屋が卸さなかった。治保ほかの面々は、意次に「不正があったからお役御免」「屋敷を明日までに明け渡せ」「あんたは病気だから親類預かりだ」と言い渡しました。

実際、屋敷も道具類も没収。持っていた財産はコメが江戸に32万8000石、遠州の相良城に173万6700石、金47万2800両……等々。まあ貰うもんは貰ってたんでしょうから、すごいですね。しかし徹底して財産を没収された意次を見て、田沼派の中には、怖がって早々に切腹した人もいたそうです。

ちょっと気になるのが、1200両で誰袖を身請けした勘定組頭・土山宗次郎ですけど、この1200両のうち500両が買米金からネコババしたカネであることがバレまして、宗次郎は逃亡。しかし、逃亡先の武蔵国で捕まって、最後は斬首となりました。

こうして翌年の1787（天明7）年、治済の子・家斉が11代将軍に就任。松平定信が老中首座に就いたんです。

清廉潔白・定信と ダークヒーロー・治済

田安賢丸

のちの松平定信

堅ブツ松平定信

白河藩の当主になっていた定信、やっぱり賢い人だったんですね。天明の大飢饉で東北地方全体では大量の餓死者が出ていたのに、白河藩では何と一人も餓死者を出さなかったそうです。越後にある白河藩の飛び地が幸い凶作を免れたため、ここから1万俵の米を送らせたことと、江戸で食料品・日用品を買い集めて白河に送らせたことが効きました。デキる人は、どんな場所に飛ばされたって芽を出すものなんでしょうね。

実績十分で江戸に乗り込み、老中首座となった定信は、幕府の財政再建、質素倹約、文武振興、綱紀粛正……って、眉間にシワを寄せた四文字熟語ばっかりですけど、やったこと自体もカタさ満点ですね。野放図でBADな政治を、堅ブツのGOODな政治にしようと思ったわけです。

そして、骨の髄まで恨んでたであろう意次の「痕跡」をことごとく消していきます。就任から3カ月半後の10月に意次から2万7000石を没収、隠居と蟄居謹慎を命じ、印旛沼・手賀沼の干拓事業は中止、蝦夷地の開発は白紙、寛政異学の禁で朱子学以外の学問、例えば蘭学とかを禁止。もう国際情勢とか経済状況とかは完ムシ、というか賢い人だったのに、状況を正確に読めてなかったんでしょうかね。

印旛沼や手賀沼の干拓なんか、工程の3分の2が終わってたんです。しかも、これによって江戸湾と利根川を結ぶ運河を作って、奥羽地方や蝦夷地などから江戸に来る船の近道にしようとしてたんです。

でも、前にお話しした浅間山の噴火による大洪水が起きてしまって、その時点で挫折してたのかもしれませんけど、もし我慢して工事を続けてたら、最後は江戸と北方との商品の流通が段違いにスムーズになって、日本のさらなる経済振興につながったのでは、と言われてます。

蝦夷地だって、明治維新の後に北海道に不平士族を屯田兵として送り込んで開拓したわけですから、それより何十年も前に、北海道が一大農業地帯に変身してたかもしれません。果てはロシアとの国交なんて、定信はもってのほかだと思ってたんでしょうね。日本の人の大半は、70年後のペリーの黒船来航まで、国際情勢を何も知らぬまま過ごすことになりました。

もちろん、ワイロまみれの政治がいいとは思わないですよ。でも、社会全体を引き締めちゃった結果、産業も社会も萎縮して萎《しぼ》んじゃったんじゃ、元も子もありませんよね。

幕政人事のウラで糸を引いていたのは……

で、治済はその間何をしていたか。実は、意次の失脚から定信が老中になるまでにも色々ゴタゴタが続いたんです。御三家が治済や定信を「なんだこいつ」という目で見ていたし、田沼派でまだ残ってた大物、家斉の側衆御用取次の横田準松《のりとし》が、定信の老中就任に頑強に反対してた。これが最大の障害だったんですね。

と、なぜか5月20日に江戸のあちこちで大規模な打ちこわし――集団でやる米の強奪――が起こります。これが江戸時代を通して最大と言われた「天明の打ちこわし」

なんですが、なぜかきちっと計画的で、自然発生したとは思えないようなものだったようです。

それを将軍・家斉に報告するのは横田の役目だったんですけど、それが何かの理由でちょっと遅れた。すかさず横田を責めて、打ちこわし勃発から9日後の5月29日に横田を側用人から解任。そして6月19日に定信が晴れて老中首座および将軍補佐役に就任した、というわけです。

これらの手引きをほぼ治済が行ったことは、簡単に推測できます。定信の田沼憎しももちろんあったんでしょうけど、田沼派の粛清の大半は、治済がウラで行っていたようですね。

治済の壮大な野望

さて、その治済が何を望んでいたのかがはっきり形になって見えたのが、大御所問題です。家斉が、「治済父さんを大御所にして欲しい」と幕閣に相談したことになってるんですが、恐らく治済がそう仕向けたんでしょうね。

大御所っていうのは、それまで家康と吉宗にしか与えられなかった称号です。現役の将軍時代に大仕事をして、隠居してからも次の将軍の相談役みたいな感じでバックアップし、時々口も出す、みたいな。

でも、ご承知の通り治済は将軍になったことがないわけです。謹厳実直な定信的には「は？」って話なんですよ。そりゃ老中就任のときは世話になったよ、あんたには。でも、将軍の父さんってだけじゃん、みたいな。

でも、頭の切れる定信ですから、白河藩から江戸に来てから、あるいは来る前から、治済がどんな人間なのかを思い知らされてきたわけです。家基を殺し、家治を殺し、意次をツブした張本人……。あんな奴に大御所の称号を与えたら、何をするかわからん。そう考えたら、許すはずがありません。

定信に断られた家斉は、その場で激怒して定信に刀を抜きかけたんです。その場にいた側用人がとっさに定信に「将軍が御刀を賜っておられる。早く頂戴せよ」と機転を利かせたため、大事には至らなかったそうです。

後桃園天皇も手にかけた？　かもしれない……

このとき、朝廷との間でも「尊称」を巡っての問題が起こってました。時の光格天皇が、実のお父さんの閑院宮《かんいんのみや》典仁《すけひと》親王に太上天皇の尊号を贈ろうと定信に打診したんです。尊号一件《いっけん》と呼ばれてますが、親王は天皇に在位したことがないから、定信の返事はＮＯでした。事あるごとに光格天皇は定信にリクエストするんですが、ことごとくはねつけるんですね。

これ、ちょっとややこしい話がひとつありまして、実は閑院宮家と治済は血が繋がってたかもしれないんですよ。治済の正室は朝廷の京極家から迎えてるんですが、その母親――出産してすぐ亡くなりました――が、典仁親王の姉か妹である可能性があるんです。もしそうなら、典仁親王は治済の義母の兄（か弟）、つまり義理のおじさんってことになります。

その子・光格天皇も、本当は天皇になれないはずの傍系の血筋でした。ところが、本命の後桃園天皇が22歳で突然死。そのハプニングのためわずか10歳で天皇の座に就いたんです（定信の老中首座就任の頃は18歳ですね）。となると、11代将軍になるはずだった家基の死と、後桃園天皇の死がカブって見えるんですよ。

この妄想が妄想じゃなければ、治済は後桃園天皇を殺して義理のおじさんに太上天皇と名乗らせ、自分は大御所を名乗って、朝廷と幕府を股にかけて力を持とうとしたことになります。いや、あくまで妄想ですよ。妄想ですけど……。

定信、ハシゴを外される

ただ、系図を見れば一目瞭然ですから、朝廷からリクエストを受けた時点で定信は勘付いたでしょうね。治済ヤバい、と。それに、このリクエストをOKしたら、大御所の称号も許可しなきゃならなくなる。そんなことをしたら、治済が肩書にモノを言わせて何をするかわかったもんじゃない。

そんなわけで、定信はどちらも強硬姿勢を崩さず、さんざん粘った朝廷も最後はあきらめます。大御所の称号も、治済は結局名乗れずじまいでした。両方とも治済の画策だとしたら、その両方が定信のせいで潰されたことになります。あ、ちなみに今上天皇は光格天皇の直系の血筋です。

今度は大御所になり損ねた治済の定信下ろしが始まるんです。せっかくエラくしてやったのに、エラくなり過ぎた。何だこいつは、的な気持ちがあったんでしょうね。定信にしても尊号一件と大御所問題で、当たり前ですが家斉との関係が悪くなりました。しかも厳しすぎる改革に対する世間、そして幕府内からも悲鳴とか不評が耳に入ってきていました。とりわけ経費削減した大奥でも、中の女性たちからえらい反発を食らっていたんです。

そんなこんなで定信は将軍補佐役を辞任したい、と御三家や治済に何度もリクエストを出していて、そのたびに慰留されてました。あくまで補佐役だけで、老中じゃないですよ。ところが、老中首座就任から5年以上が過ぎた1793（寛政5）年、また「補佐役を辞めたい」とリクエストを出しました。

そうしたら、補佐役だけじゃなくて、老中も解任されちゃったんです。

何で？　って話ですけど、定信がリクエストした当日に治済が御三家の尾張・水戸宛てに「近ごろ定信は道に外れた行いがあった」云々という手紙を出したんです。そしてその４日後、定信の老中職と補佐役の罷免が発表されたんです。

治済、狙いすましてハシゴを外しましたね。定信がうまくヤラレタということだと思います。罷免を知った水戸治保が治済に、遠回しに「アンタが定信を遠ざけたかったのと違うか？」と問いただす手紙が残ってます。

朝廷と幕府が疎遠に……幕末につながる貴族の反発

結局、治済にとって定信を老中首座に据えたことは、将軍家斉・大御所治済の形を目指すために意次を叩き出すための手段だったってことになりそうです。ところが、マジメな定信は大御所・治済の誕生を強硬に止めたんですね。治済にとっては、それが計算違いだったようです。そこで用済みとばかりに定信を裏切って、クビにしてしまいました。

しかしこの尊号一件の出来事は、朝廷と幕府の間を疎遠にしてしまいました。何が起こったかというと、幕府に政治的権力を独占され、言い分が全く通らぬようにしてしまったことへの貴族たちの反発、そして尊皇派、つまり幕府を倒したれ、とひそかに考える貴族がこの後増えていったことが、そのまま70年以上後の幕末に繋がっていったとされています。

何がGOODで何がBADなのか

寛政の改革は、定信が罷免された後も、「寛政の遺老」と呼ばれた定信派が、同じ路線を引き継いで24年間続いたそうです。定信がウラであれこれ指示してたそうですけどね。目新しいことは何もやってないんですが、この間に何が起こったかというと、いわゆるデフレなんだそうです。コメの値段がずーっと超低空飛行を続けたんですね。

最近の言い方で言うと、「失われた24年」というわけです。えーとですね。デフレって、ものの値段が下がるのは嬉しいけど、いっしょになって給料も下がってしまい、みんながモノを買う力ががっくり下がって、その結果モノが売れなくなる。その悪い循環がずーっと続いてしまうんです。……ってことでいいんですよね？　わかりづらければ、ここ30年くらいの日本の状況を思い出せばいいと思います。

お金が乱舞する時代のあと、「それはイカン」と国の財布のヒモを引き締めたつもりが、国全体を窒息寸前にしてしまった……何だかどこかで聞いたようなストーリーですよね。１９８０年代後半のバブルと、それを退治した後に訪れた長い長い経済の停滞。今、そこからようやく脱出できそうだって言われてますけどね。

50代から上の人なら、定信のやったことは１９８０年代のバブルを〝退治〟しようとして、不動産売買のハード過ぎる制限をやらかした旧大蔵省（現・財務省）とか「平成の鬼平」と言われた三重野《みえの》康《やすし》元日銀総裁を思い出すんじゃないでしょうか。

定信が引っ込んだことで、将軍家斉はとんでもないぜいたくを始めましてね、酒豪の家斉は何かと宴会を開いては呑みまくったそうです。よく知られてるのは「オットセイ将軍」と言われるくらいの子だくさん。側室がン十人、お手付きン十人。もしかしたら、徳川15代の中で一番幸せだった将軍かもしれませんね。新婚さんが「子どもは何人ほしいですか?」と聞かれて、よく「野球とかサッカーのチームが出来るくらい」とかジョークで言いますけど、家斉はそんなレベルじゃないです。26男27女。53人ですよ。一度に6球団で3つ試合を組めそうな1人セ・リーグ状態でした。

この家斉の時代と、家斉が大御所を名乗って実権を持ち続けた12代家慶の時代(1804〈文化元〉~1844〈天保15〉年)が大御所時代です。BADな時代がまた来まして、大奥が最盛期を迎え、市井では元気な町人文化を生み出します。その一方で幕府財政が破綻し、幕府崩壊の始まりとなったとも言われています。

治済は、1827(文政10)年に死ぬんですけど、それまではぜいたくし放題。この孫たちを、御三家やら他の御三卿やら諸国の大名やらに婿だ嫁だと押し付けて、方々の家をオレ色＝一橋カラーに染めていくんです。もし、治済が単にこれがやりたくて家斉に頑張らせたのだとしたら、うらやましいより同情しますよね、家斉に。

ちなみに、家斉の名誉のために言っておきますけど、定信が唱えた「文武両道」を地で行った人で、馬術や鷹狩は超ハイレベル。読書好きで「三国志」マニアであり、かつ日本史のあらゆる本を乱読してたそうです。

こうなると、何がＧＯＯＤで何がＢＡＤなのかが、わかんなくなってしまいますよね。おちゃらけバブルはほんとにＢＡＤなのか、規律正しい節約はほんとにＧＯＯＤなのか……。

今度は定信の名誉のために言っときますけど、福祉とか農村の貧困対策ではわりといいことやってるんですね。１７９０（寛政２）年、飢饉で地方から来た難民が江戸にあふれ、治安が悪化したとき、石川島――今の東京都の佃のあたり――に人足寄せ場を開きました。男性には大工や左官、油絞り、女性には機織り、裁縫など30種類の仕事を教える本格的な職業訓練の場です。

実はこれ、提案したのは火付盗賊改方の**長谷川平蔵**。あの〝鬼平〟なんです。凶悪犯を厳しく取り締まる一方、職業訓練校みたいなこの寄場の責任者を務めました。『べらぼう』で演じるのは中村隼人さん。そのお父さんが中村錦之助さんで、フジ系『鬼平犯科帳』（1989年～）で鬼平を演じた二代目中村吉右衛門の甥です。

もう一つ、七分積金は江戸の地主が納める町内会費のようなもの＝町入用《まちいりよう》の負担を減らして、その削減分の2割を地主、1割を各町内で積み立てて、残り7割を江戸町会所に積み立てさせ、そこから貧困者に貸し出したりしたそうです。

明治になるまでに170万両の蓄積が生まれ、それをあの渋沢栄一が管理。その一部で、孤児やホームレス、病人を収容する東京養育院（現・東京都健康長寿医療センター）を設立したそうですよ。

ただ、ボクらのようなタレントは、自由放任にしてくれる田沼意次みたいな人がプロデューサーやディレクターをやるほうが、ずうっとやりやすいですよね。そういう方が異動になったり、蟄居を命じられたり、領地を減らされたり打ち壊されたりすると、ちょっとショックです。

さて、「二元中継」の江戸城編はこのへんで切り上げて、再び江戸の町に降りていきますね。定信が寛政の改革を始めたあたりにちょっとだけ時間を戻して、どう見ても商売と相性の悪いこの改革と、蔦重たちがどう向き合ったのかをお話ししますね。

意次、定信退陣に暗躍した ダークヒーロー・徳川治済

第4章

逆境に負けてたまるか！蔦重「必勝」の裏側

手鎖の刑、自殺、財産没収

蔦屋重三郎

新・老中首座に、ひとまず期待した

さあ、再び江戸の街中に戻ってきましたけど、１７８７（天明７）年、意次が失脚して、白河藩に〝出向〟してた定信が江戸城に戻ってきた……というお知らせ、江戸の人たちはどう思ったんでしょう？

関係ねえや、とおいしく楽しくやってた人たちはそのまま楽しくやってたんでしょう。大田南畝なんかは、４年前の浅間山の噴火のときも、

浅間さんなぜそのように焼けなんす
いわふいわふが積もり積もりて

…と呑気に歌ってたぐらいですから。あ、「いわふ」は「岩」と「祝う」をかけて、岩が降り積もるのとお祝い事が重なったのとをいっしょにしたんですね。たぶん花火みたいなにぎにぎしい噴火を想像したんでしょうけど、これ、今だったら南畝のほうが浅間山並みに炎上しそうですよね……。

ただ、飢饉だ打ちこわしだで世の中殺伐としてるし、浅間山の火山灰は降ってくる。生活も楽にならない、人生うまくいかないって時、多くの人は全部、時の権力者のせいにします。「意次が悪い」とか安倍元総理の時代だったら「アベが悪い」とか言って憂さ晴らししてたわけです。意次も天明の飢饉ではなすすべもなかったわけでして。

今でも総理大臣が交代した時は、最初はひとまずみんな新総理に期待しますよね？当時も同じだったと思います。石破さんはちょっとアレですけど。ましてや定信は、白河藩で餓死者ゼロ、吉宗2世ってくらいすごい人らしい。「これで世の中よくなるわ」と心の中で勝手に期待した人はたくさんいて、前にお話しした「清く澄ませ白河の水」なんて狂歌はそういう人たちが「そう、そう」って共感して広めたんでしょう。

蔦重とその周りは、どっちかというとわりと楽しくやってたほうじゃないでしょうか。この頃は朋誠堂喜三二、恋川春町の二本柱に、狂歌本もイケてましたから。もちろん、時代の空気には敏感な蔦重ですから、お上次第で色んなことが変わることは承知の上。「すると何が次の〝おもしれえ〟になるんだろう」みたいなことを、頭の中であれこれシミュレートしてたかもしれません。

「文武、文武ってうるせえよ定信」

蔦重版の黄表紙が一番売れたピークは翌1788（天明8）〜1789（寛政元）年でした。天明の飢饉の末期くらいです。有名どころはこんな感じです。

●1788（天明8）年
『悦贔屓蝦夷押領《よろこんぶひいきのえぞおし》』恋川春町
『文武《ぶんぶ》二《に》道万石通《どうまんごくどうし》』朋誠堂喜三二

●1789（寛政元）年
『鸚鵡返文武二道《おうむがえしぶんぶのふたみち》』恋川春町
『天下一面鏡梅鉢《てんかいちめんかがみのうめばち》』唐来参和
『奇事中州話』山東京伝

どれもこれも過熱ぶりは、輪をかけてすごかったようですね。

いくつか内容をお話ししますね。『万石通』は、寛政の改革で定信が奨励した「文武両道」を思いっきりチャカしてまして、鎌倉幕府の御家人・畠山重忠――『鎌倉殿の13人』の中川大志さん、カッコよかったですねえ――が、源頼朝の命令で諸大名を「文」と「武」と「のらくら」の3つに振り分けるという設定。

財産を没収される〝のらくら武士〟の、のらくらなていたらくで笑わせるんですが、若い頼朝は家斉、重忠は言うまでもなく定信。挿絵の家紋なんかから、意次派の面々をネタにしたとすぐわかる内容でした。

『鸚鵡返』は平安時代の京都が舞台で、定信をモデルにした人物が武芸を奨励したら、人々が武勇を競って洛中で大騒動を起こし、それじゃあ、と今度は有名な儒学者をモデルにした人物が孔子孟子とかエラい人の道を説くんですが、人々はその内容をカン違いして、やっぱり洛中で暴動を起こすんです。

この頃に流行った狂歌がこれ。

恋川春町（著）、北尾政美（画）『鸚鵡返文武二道』（1789）東京都立中央図書館

世の中に蚊ほどうるさきものはなし
　ぶんぶといひて夜もねられず

……文武、文武ってうるせぇよ定信、ってわけです。それだけしつこく文武両道を言い続けたんでしょうね、幕府と定信は。

もっとド直球で、厳格な改革をおちょくったのが『鏡梅鉢』でしてね。時は平安時代、主人公は菅原道真で理想の善政の世界を描くんですが、梅鉢は定信の家紋でしたからターゲットは明々白々でした。

ストーリーはこんな感じ。天下に号令

を発する道真を尊敬する人々が、全世界から集まってきます。琉球、朝鮮、オランダ、明だけでなく、大人国、小人国、狗頭人《くとう》などなど、底抜けに多様な人々のユートピアを描いてます。小判の雨が降り、穀物は収穫し過ぎて余ってる。火山灰が降り、飢饉が続いていた現実の裏返しですね。道真＝定信を完全にアホ扱いしてることになります。

黄表紙の新作は、正月に袋に入れて売り出すのが通例でしたが、特に『鏡梅鉢』がすごかったらしく、その頃の様子について、

「売れ方がすさまじい。問屋仲間は言うまでもなく、小売店の者までも我も我もと買い手が押し寄せたために行列ができて、製本が間に合わない。摺ってそのまま製本せずに台車に積んで引いてたら、『そのままでいいから』と客が争って買いに来るから、表紙と製本用の糸をセットで売った」

とありますから、売れ方はほんとに凄かったんでしょう。改革が始まってまだ1年しか経ってませんが、庶民の圧迫感というか、ストレスがうかがえますね。

「寛」大な「政」治のはずが……春町死す

とはいえ、言論の自由なんて言葉がカケラもない時代ですから、これらを出すにあたっては、蔦重も出る前の情報漏れを防いだり、作者名も版元の名も隠したり――それが通用したんですね、あの頃は――、風刺の相手がバレバレの図柄を差し替えた別バージョンを念のため作っておいたりと、それはそれは慎重に手を尽くしています。

が、幕府・定信は甘くありませんでした。蔦重の隠ぺい工作は通じなかったようですね。木版制作、印刷・製本まで、作ってから流通させるまでの流れのどこかに、スパイみたいなのを忍ばせたのかもしれません。

まず、参和の『鏡梅鉢』に対して絶版の命が下りました。陰に日向にじわじわプレッシャーを受けた参和はそれから少なくとも2年間、作品を書いていません。

『万石通』の喜三二は、故郷・秋田藩の佐竹の殿様から少なからずプレッシャーを受けたとか。何せ藩の留守居役っていう立場がありますから。蔦重を支えていたこのスター武家作家は、これを最後に喜三二の号を他人に譲り、筆を折りました。

最も悲劇的だったのが春町でした。『鸚鵡返』を出した3カ月後の4月、どうも松平定信から直々に呼び出しがあったようなんです。春町は病気を理由にして拒否したんですけど、その3カ月後、病死という話が。享年46でした。突然のことで皆驚いたのですが、やっぱり自殺だったんじゃないかと言われています。喜三二、春町とも武家ですから、自分の藩にプレッシャーをかけられてはさすがに厳しいですね。

もう一人、武家出身の大物・大田南畝は、先にお話しした「ぶんぶといひて夜もねられず」という狂歌が彼の作品ではないか？　と疑われます。当人は否定するんですが（たぶん南畝でしょうねえ）、ここから狂歌を詠むのを自粛するようになって、ちょっと後の話ですけど、１７９４（寛政６）年に学問吟味っていう人材登用のための試験を受けて、見事に首席で合格。お上から銀10枚をもらいます。

このとき46歳。狂歌はもうまったく詠まなくなったってわけではないようですが、少なくとも第一線からは退きました。

南畝は、最終的に勘定奉行の配下の支配勘定という役職まで出世します。華麗な転進。今で言えば、財務省の中堅以上の事務官ということになるそうです。旧通産省（現・経済産業省）を辞めた国民的スター作家、堺屋太一さんの逆バージョンでしょうか。当たり前ですけど、もともと頭のいい人だったんですねえ。

定信が狙ったわけじゃないですけど、こうして武家出身の作家たちが退場して、ここから町民出身の作家たちが表に出てくるようになってきます。

幕府はその翌１７９０（寛政２）年、書物問屋仲間に出版取締令を発布。続いて地本問屋仲間にも行事を置くことを命じました（先にお話ししたように、書物問屋仲間にはもう置いてあります。行事を通して、お上が支配しやすくするわけです）。

この法令の主な目的は、

１　風紀を乱す書物の規制

2　政治批判を含む出版物の禁止

で、以下のような出版物が取り締まりの対象でした。

●好色本など風紀を乱すとされる書籍
●政治批判や時事問題に言及する書物

春町、喜三二という戯作二本柱と、南畝という狂歌の大御所を一気に失った蔦重。このとき41歳ですが、ここからどう事業を立て直していったんでしょうか。

「もう書かない」京伝を必死で説得

この時点で、蔦重にとっての戯作の切り札は山東京伝のみでした。

ちょっと時間をさかのぼりますが、京伝は当初、浮世絵師・北尾政演としてのお付き合いのほうが多くて、京伝の戯作はむしろ鶴屋喜右衛門のほうで出されてました。ただ、浮世絵よりもその戯作のほうのヒットが段々と目立ってきたんです。

そこで、蔦重は吉原の接待攻勢で京伝を〝オトし〟たと言われていまして、

1785（天明5）年に蔦重のところから一気に4冊の黄表紙を発行しました。そのうちの一冊が、前にお話しした傑作『江戸生艶気樺焼』です。

ところが、京伝が北尾政演として挿絵を描いた石部《いしべ》琴好《きんこう》作の『黒白水鏡《こくびゃくみずかがみ》』が、春町が死んだのと同じ1789（寛政元）年に絶版になり、挿絵を描いた京伝＝政演も罰金刑を食らったんですね。翌1790（寛政2）年2月に吉原の妓楼・扇屋の主人――山路和弘さんですね――の仲介で、扇屋の菊園っていう遊女と結婚。京伝は洒落本や黄表紙を書くモチベーションがだんだん下がってきてたんです。

で、いったん蔦重に「やめるわ」と言ったんですけど、蔦重は「やめるな」って必死で食い下がったんです。耕書堂の存亡がかかってたんだと思います。で、ようやく執筆継続をウンと言わせました。1791（寛政3）年正月、京伝は蔦重のところから黄表紙4冊、洒落本3冊の計7冊を出します。その黄表紙のうちの1冊『箱入娘面屋人魚《はこいりむすめめんやにんぎょ》』の中には、蔦重本人が両手をついてる似顔絵とともに、「まじめなる口上」と題して、京伝が「書くのをやめるのをやめた」てん末が説明されています。

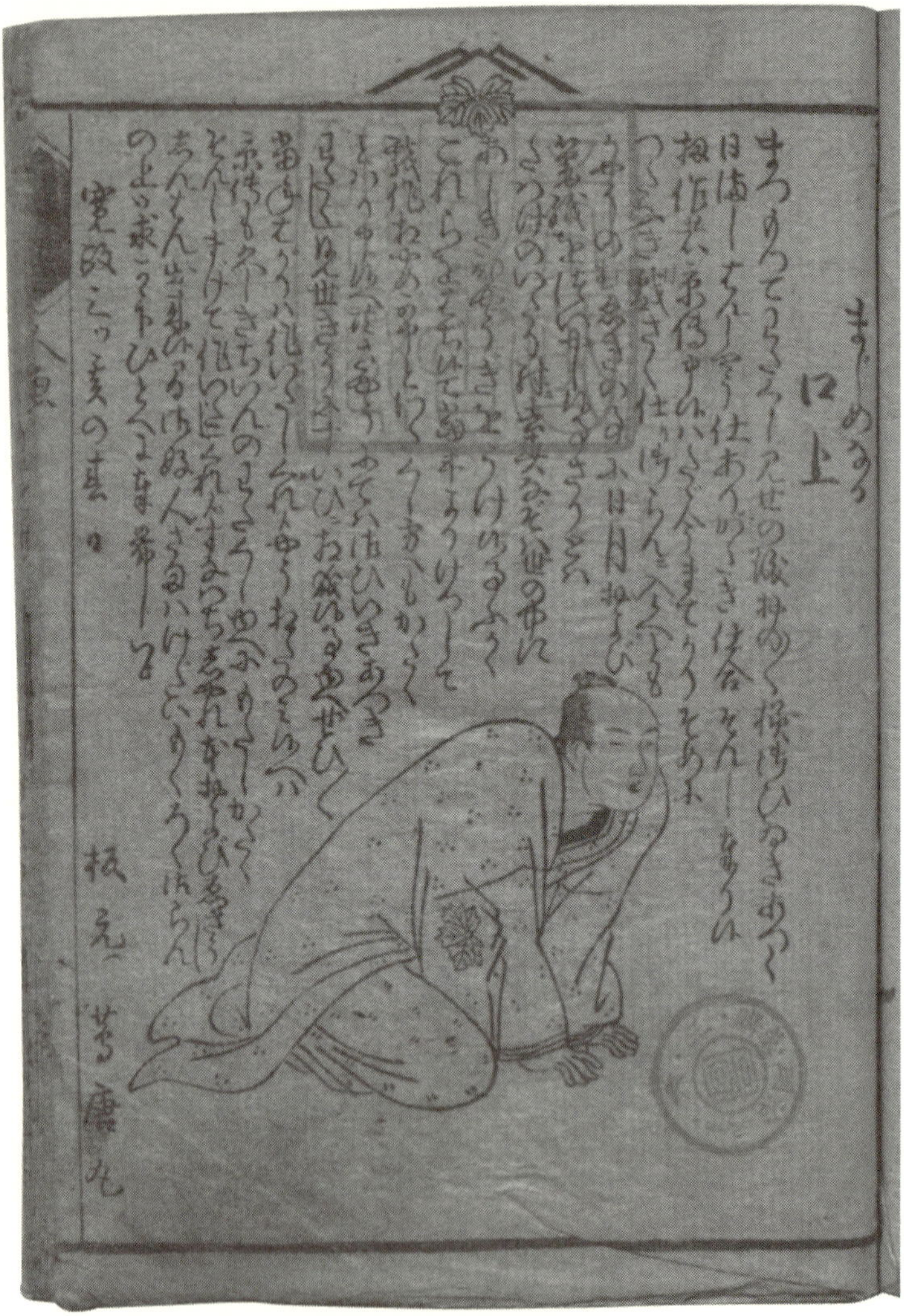

口上を述べる蔦屋重三郎像。
京傳（作）、歌川豊国（画）『箱入娘面屋人魚 3巻』（1791）より
国立国会図書館デジタルコレクション
（https://dl.ndl.go.jp/pid/9892706）

財産を半分没収、手鎖50日の刑に

ところが、ですね。この決断が凶と出たんです。

１７９０年の出版取締令のお話はもうしましたけど、この7冊はそれが出る前から準備してたものでした。取締令が出て、10月に地本問屋仲間に行事が置かれた。内容的に「アウト」だと思ったんですが、製本の作業は急には止まれません。いったん地本問屋仲間の行事に内容を見せたら、「あ、大丈夫よ」というお返事が。

しかし念には念を、と、表向きはハイハイと検閲を守るフリをして、地本問屋仲間の行事に因果を含ませたうえで、翌年正月に出したんです。

これでよし、と思ったかどうかわかりませんが、やっぱり二人とももう世間でも目立ってたんです。ブラックリストにはとっくに載っていただろうし、一罰百戒というか、他の版元に対する見せしめにはちょうどいい存在だったんですよ。

3月になって二人は奉行所から「来い」と呼ばれたんです。そして取り調べを受けたうえ、洒落本『仕懸文庫』など3冊が絶版、何と京伝は手鎖50日、蔦重は身上半減、つまり財産を半分没収されるというキツい処分を申し渡されたんですよ。

手鎖の刑って、牢屋じゃなくて自宅に軟禁されるんですが、トイレとメシ食う時以外はずっと鉄製の瓢簞《ひょうたん》型の鎖で両手首をガチャンと拘束しなければならないので、一人じゃ生活できません。メンタル的にかなりきついやつです。

同時に、実は業界内でも立場の弱い行事も同様に軽追放、つまり江戸10里四方——日本橋から半径20キロ以内立ち入り禁止——というペナルティを食らったんです。

蔦重もさすがに強引過ぎたと反省してか、その行事が出立する際、いくばくかの金子を持たせたそうです。

マジメな改革に乗って教科書を売り出す

さて、こうなると、それまでのレベルでお上をおちょくる作品は、そうそう出せるもんじゃありません。そもそもお上に楯突くために版元をやってるわけじゃありませんし、仮にそういう「てやんでえ」「べらんめえ」的作品を出すにしても、そもそも書き手が足りなくなっちゃったわけです。蔦重だって少なくない従業員を抱えてるわけですから、彼らを食わせなきゃなりません。

そこで時流を見たんです、蔦重は。寛政の改革でどんな本が売れるようになるのか？翌1791（寛政3）年、蔦重は地本じゃなくて書物問屋仲間に加入するんですね（地本のほうは加入済みですね）。そして、寛政の改革で奨励された儒学書、仏教書、心学――儒教っぽい道徳教育――等々、カタい書籍に手を付けるんです。

『週刊少年ジャンプ』の集英社が、いきなり「岩波文庫」の岩波書店に生まれ変わったみたいですが、要は、寛政の改革によって学問ブームが起こったんですよ。これは定信の狙い通りと言ってもいいでしょう。特に心学は、石田梅岩という商人が始めた石門心学が、今で言う自己啓発っぽいブームになったようです。ブームが戯作からカタいお勉強本に移ったのを、蔦重はしっかりキャッチアップしてたわけです。

もちろん、ヤワラカ部門をやめたわけじゃないですよ。山東京伝との付き合いも続いてましたしね。財産が半分になって苦しいところですけど、手堅いところで足腰をしっかりさせたうえで、蔦重はさらに新しいジャンルを開拓していきます。

そう、浮世絵ですよ、浮世絵。もっと言うと、錦絵です。

天才・歌麿とコンビを組む

喜多川歌麿

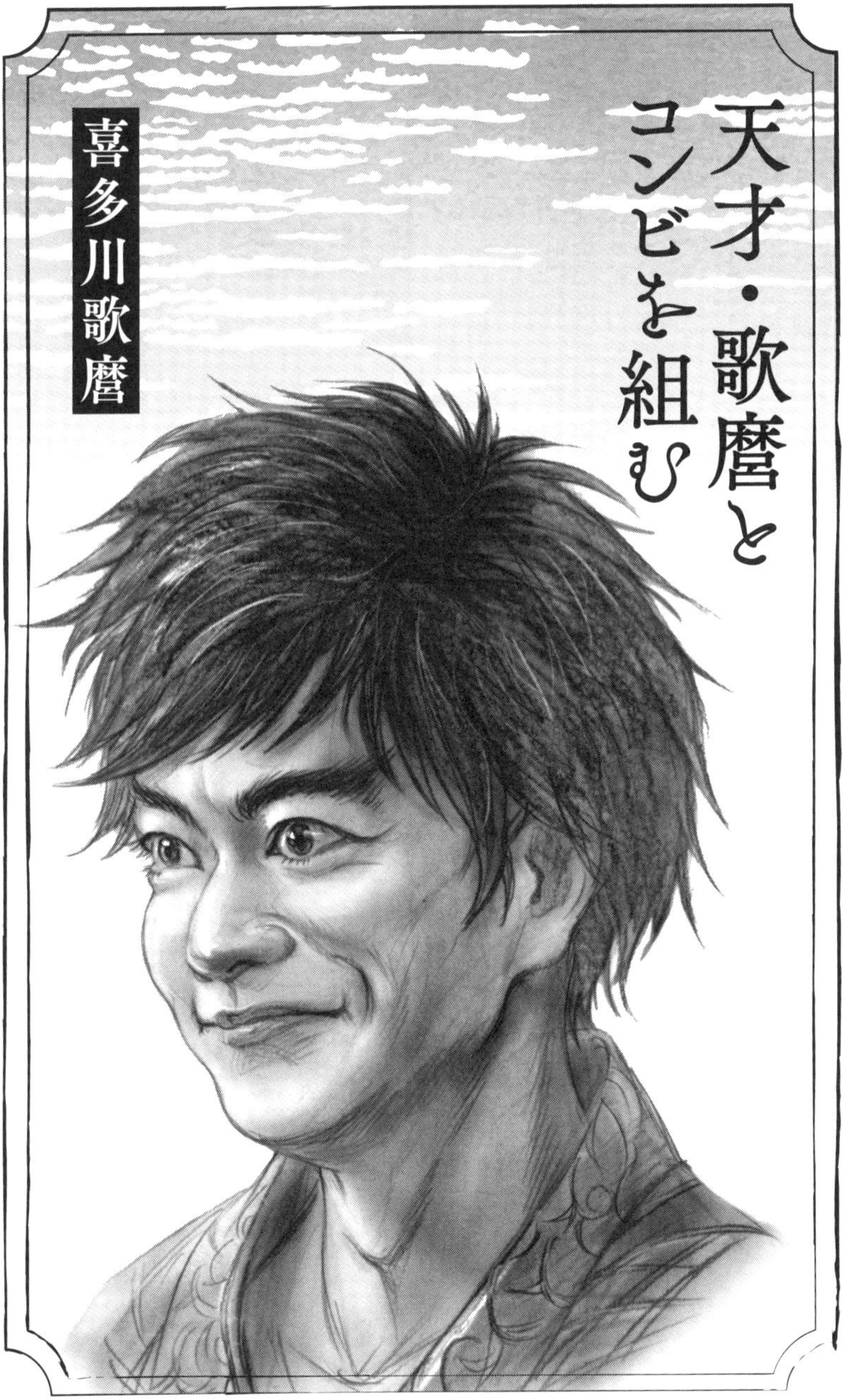

蔦重と歌麿の出会いはこの人脈から

さて、蔦重と浮世絵ですね。ＵＫＩＹＯＥは今や世界的なアートですし、浮世絵師の名前もよく知られています。中でも飛び抜けてる五人が葛飾北斎、喜多川歌麿、東洲斎写楽、鳥居清長、歌川広重と言われてますが、このうち北斎、歌麿、写楽はいずれも蔦重が世に送り出した才能なんですよ。

ここでいったん、第2章でお話しした浮世絵界の重鎮・北尾重政——橋本淳さん——を思い出してください。蔦重の11歳年上の重政は、重政の4歳年上の朋誠堂喜三二——尾美としのりさん——とともに鱗形屋時代から蔦重のブレーンというか、バックアップをしてくれた恩人です。

実は、山東京伝と歌麿はこの北尾人脈の一人なんです。繰り返しになっちゃいますけど、まず山東京伝は重政の弟子で北尾政演を名乗ってました。そして重政と俳句を通して親しくなった、重政よりさらに30歳近く年上の鳥山石燕《せきえん》という浮世絵師がいました。幕府お抱えの狩野派の絵師から転じて浮世絵師になった人で、妖怪絵が人気で弟子もたくさんいたそうです。

その弟子の中にいたのが死んだ恋川春町、戯作者の志水燕十《えんじゅう》、そして歌麿なんですね。ですから、蔦重がこの二人をプロデュースして才能を伸ばしたのに間違いはないんですけど、偶然どっかから見つけたり、拾ってきたりしたってわけじゃないんで、重政抜きで蔦重と出会うことはなかったんじゃないかと考えられています。

トンボやコオロギに夢中の幼い少年

さて、歌麿は幼名勇助。出生については謎の多い浮世絵師でして、生まれた年も1753（宝暦3）年と言われてますがハッキリしません。もしそうなら蔦重の3歳年下、中学ではぎりぎりカブらない先輩、後輩くらいってことになります。生誕地で一番の候補はやっぱり江戸ですが、栃木県とはご縁がある模様で、他に今の埼玉県川越あたりという説もありますね。

石燕はずいぶんと幼い頃から歌麿のことを知っていたようで、後で名が知られるようになってから、こんな具合に振り返ってます。
「幼い頃から物事を細かく観察していて、トンボに糸をつないで飛ばしたり、コオロギを手のひらに載せて夢中になっていた。私はその才能をあまり早いうちから貪欲に追求するのはためにならないと思って何度も戒めたのだが、今の歌麿の筆の技は本当に芸術の徳を輝かせている……」

昆虫と遊んだり、観察するのが好きなおとなしい子どもだった、ということですね。こういう子って、虫の体がどういうふうに出来てるのかを、ほんとにまじまじと飽きずに眺めて、そして映像としてしっかり覚えてるんだと思います。

歌麿は十代の早いうちから鳥山石燕の弟子になり、江戸の上野忍岡――今の東京の根津辺り――に住んでいたそうです。

最初は「石要」と名乗ってたそうで、1770（明和7）年に出された絵入りの俳句の本『ちよのはる』に石燕の弟子たちが挿絵を描いてるんですが、その中の「待つ春のなすひのつるに茄子哉」という句に添えられたナスの挿絵（「少年石要画」と書き込んであります）が、今のところ歌麿が描いたとわかっている一番古い絵です。

歌麿、蔦重の家に居候

浮世絵デビューは１７７５（安永４）年。当時は北川豊章《とよあき》という名前で描いてたって言われてます（そうじゃないって言う人もいますけど）。最初に描いたのは歌舞伎役者の似顔、役者絵ですね。「学ぶは真似ぶ」なのか、最初は勝川春章の画風に似てたのが、だんだん重政の絵柄に似てきたそうです。

で、いったん蔦重のライバル・西村屋与八――西村まさ彦さん――のところで黄表紙の表紙を描くんですが、西村屋は美人画の大型新人・鳥居清長にもうのめり込んでて、歌麿が食いこむ余地がありませんでした。西村屋から離れた歌麿は、お話しした通り、たぶん重政の紹介で蔦重と出会うことになります。

１７８１（天明元）年、蔦重のもとで兄弟弟子・燕十が書いた黄表紙『身貌大通神略縁起《みなりだいつうじんりゃくえんぎ》』に「忍岡哥麿」と描き手の名を記された挿絵が入ってます。この頃、蔦重は31歳、鱗形屋から離れて5年ぐらい経ってて、この1年前に黄表紙・洒落本・往来物をいきなり大量に出して勢いに乗り始めたころです。歌麿はたぶん28歳。これが恐らく二人の最初の仕事だったと思います。続いて１７８３（天明３）年にも、遊女たちを描いた錦絵『青楼仁和嘉女芸者部《せいろうにわかおんなげいしゃのぶ》』を出しています。だいたいこの頃から、蔦重の自宅――吉原か日本橋か浅草かわかんないんですが――に居候し始めたようです。

錦絵の走りは鈴木春信のカレンダー

さて、ここで浮世絵と錦絵そのものについて少しお話ししますね。浮世絵は、江戸時代に描かれたポップな絵ぜんぶ、くらいにざっくりした括りで、最初のうちは単色とか、赤黒緑の３色程度しかなかったんです。

ところが、１７６５（明和２）年にある版元から出た絵入りのカレンダー――絵暦って言います――の絵が、あまりにキレイだったんですね。それまでにない多色刷りで、しかも美人画。日常生活の中のさりげない仕草がめっちゃリアルで可愛かった。急な雨に急いで洗濯物を取り込む娘を描いた「夕立」とか、ご覧になった方もおられると思います（絵の中に、季節や何月かっていうのを隠して織り込んであるんですよ）。

これを描いた絵師が鈴木春信です。この人の美人画もまた世界的に有名になっちゃいましたけど、これが浮世絵の中の「錦絵」の始まりでした。

描き手も、春信のほか役者絵の勝川春章や鳥居清満、美人画の歌川豊春とか鳥居清長とか才能のある描き手がどんどん出てきまして、天明年間に入るくらいまでには一大ブームになっていたんですね。

もちろん、蔦重が錦絵に目を付けないわけがありませんよね。

狂歌サロンに歌麿を売り込む

蔦重が狂歌絵本というアイデアでヒットを飛ばし、狂歌ブームを大きくしたことは、もうお話しした通り。蔦重も、波に乗ったその狂歌の場で歌麿をデビューさせようともくろむのは、いきなり錦絵をまかせるよりもごくごく自然な流れでしょうね。

というわけで、まずは狂歌サロンに歌麿を連れていって、そうそうたる面々の前で「こいつはウチの若手ホープでして、皆様の狂歌の挿絵を描かせて下さい」と挨拶させて可愛がってもらう……という、営業の王道を行ったわけです。特に狂歌界の大御所・大田南畝への面通しは必須だったと思います。
芸能事務所と力のあるTVプロデューサーの力関係と、狂歌師たちと蔦重との力関係、ちょっと似てるかもしれませんね。

その歌麿の、サロンへの売り込みに使われたチラシみたいなのが、太田南畝の判取帳――支払い帳簿――にはさんであったそうです。図柄は正面を向きながら膝を立てて座って顔を伏せてる歌麿。その横に立ってる屏風には、四方赤良とかの狂歌師、恋川春町や朋誠堂喜三二ら戯作者、鳥居清長とかの浮世絵師など大物の名がズラリと貼ってある。チラシに添えられてる文章はこんな具合です。

「天明2年秋に開いた戯作者の会では、皆さん仲良くなりましたよね。わたくしそんな縁結びの神様なんで、みんな私を持ち上げてくださいね　うた麿大明神」

この時が初お目見えだったかどうかはわかんないですけど、これ、「サロンに参加したみなさんはワタクシ、歌麿大明神のおかげで仲良くなれたんだよね。ちゃんと崇《あが》めなさいね」――って本気で思ってるわけじゃなくて、そうやってチラシを見てる人を笑かしつつ、時の有名人が集まるサロンに参加して、その場にいた人たち――屛風に名前がある――が自分のバックアップをOKしてくれたことに対して、その場の主である南畝にお礼をしているんじゃないかと思います。それが面白かったかどうかはおいといて、そんなおちゃめな歌麿を受け容れる雰囲気がサロンにあったんでしょう。

大田南畝はかなり気難しい人物だったようですが、わざわざ取っといてあるのを見ると、何枚も摺ったんじゃなくて一点モノ、しかも歌麿を一発で気に入ってしまったのかも。このチラシも、あるいは蔦重のアドバイスで作ったのかもしれません。

虫、貝、鳥、月、雪……テーマ別の緻密なカラー挿絵

蔦重の狂歌絵本は、第2章でお話しした北尾政演に加え、歌麿の挿絵で大きく部数を伸ばしました。主なタイトルはこんな感じです。

1786（天明6）年　『絵本江戸爵《すずめ》』

1787（天明7）年
『絵本詞《ことば》の花』

1788（天明8）年
『画本虫撰《えほんむしえらみ》』　テーマ「虫」
『百千鳥狂歌合《ももちどりきょうかあわせ》』　テーマ「鳥」

1789（寛政元）～90（寛政2）年
『潮干のつと』　テーマ「貝」
『狂月坊《きょうげつぼう》』　テーマ「月」
『普賢像』　テーマ「花」
『銀世界』　テーマ「雪」

このうち『画本虫撰』『百千鳥狂歌合』『潮干のつと』の3冊は、歌麿の初期の三部作と呼ばれています。歌麿の描いた虫や鳥や貝の絵は、さすがに幼いころから生き物に親しんでいただけあって、絵柄はほんとに写実的。描写がすっごく細かくていい絵なんですよね。

ちょっとだけ絵本の中身について。『画本虫撰』は、出す前年の夏ごろに隅田川の川べりで開いた、虫をテーマにした狂歌会で詠まれた狂歌をピックアップしたものだそうです。「かしましき女に似たるくつわ虫　なれもちりりんりんきにやなく」とか、「ふ

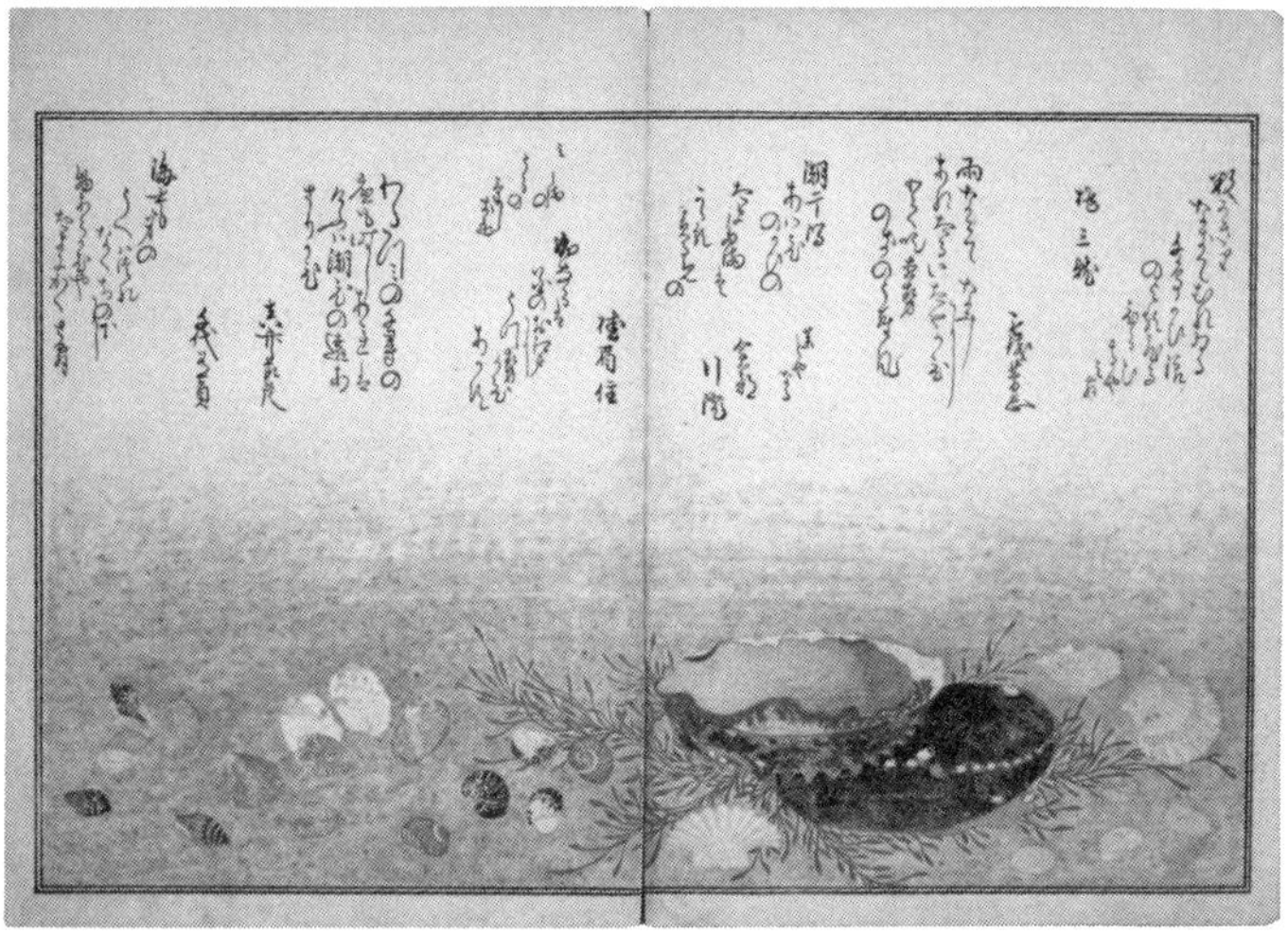

朱楽菅江（編）、喜多川歌麿（図）『潮干のつと』（寛政初め頃）
国立国会図書館デジタルコレクション（https://dl.ndl.go.jp/pid/1288344）

んどしをしりよりさげてねやの巣へ　よばひかかれるくものふるまひ」等々、虫とギャグネタ、エロネタを引っかけたものばかりですね。

　同じように、『潮干のつと』は春の上総・袖ケ浦に狂歌師たちが集まって詠んだ狂歌がベースになってます。蔦重はこうした挿絵と人気の狂歌をうまく組み合わせて、すごくぜいたくな絵本として作り上げ、もちろん大ヒット。どんな値段でどれくらいの数が売れたのか、というデータが残ってないのは残念ですけど。

　歌麿はこのシリーズ最後の『潮干のつと』の喜多川歌麿の署名と並べて、「自成一家」という印を押すようになります。「オレは一家を成した！」つまり、他のどの絵師のマネでもない絵の流派、言ってみれば喜多川派を立ち上げたぞー！　という喜びの声ですね。その前年に師匠の鳥山石燕が死んだってこともあったんでしょう。歌麿は身を寄せていた蔦重の自宅を出て、神田・弁慶橋——今の千代田区岩本町あたり——に居を構えます。居候の身から独立したわけですね。

美人画で世間を魅了する

誰袖

春画『歌まくら』12枚の出来栄え

さて、寛政の改革が始まって、狂歌ブームも萎んで、出した黄表紙が幕府の逆鱗に触れて財産の半分を没収された蔦重は、まずは改革を逆手にとってカタめの教本にシフト、足場を固めた、というところまではお話ししました。

ここから蔦重は浮世絵、錦絵に打って出ます。で、歌麿に関してまず手がけたのは、何を隠そう「春画」なんです。

歌麿の美人画のはしりでもあるんですけど、狂歌絵本とカブる時期の1788（天明8）年、『歌まくら』という春画12枚を残してます。35歳頃の作品でしてね。当時の売れっ子美人画絵師・鳥居清長の絵柄とちょっと似てて、歌麿特有のエロさがまだないんですが、画面いっぱいに男と女がくんずほぐれつしてて、ドでかいサオと貝があけすけに交わってるんです。

シチュエーションも様々で、亭主持ちの女と若い男、仲のいい中年夫婦、芸者と愛人、果ては毛むくじゃらのオランダ人男と2匹の河童に犯される海女とか、なかなかそそられますよ。

でもこれ、書店に置いたら一発でアウトじゃないですか。どうやって売り捌《さば》いてたのか、ボクは詳しくないんですが……。

妻？ おりよの死と空白の1年

出版取締令が出て、「猥《みだ》らがましい浮世絵」が禁止された1790（寛政2）年は、歌麿にとっても悲しい出来事に襲われた年でした。親族についても謎の多い歌麿ですけど、妻、もしくは母と思われる女性が亡くなってるんです。わかっているのは理清信女という名前と、歌麿と同じ江戸・浅草の専光寺——その後移転して、現在は世田谷区北烏山にあります——に葬られたということだけ。

一説には、おりよという名前の妻だ、とも。もしそうなら、前の年に歌麿は弁慶橋に引っ越してますから、その時から同居してたのかもしれませんね。となると、新婚生活は約1年ぽっち……。『べらぼう』はこっちの話をフル活用しそうですね。

実は翌1791（寛政3）年、歌麿は1年を通じてほとんど作品を出してないんです。なぜか栃木県に住んで「女達磨図」を描いてはいるんですけどね。

女性を亡くしたこと、それがこの年に蔦重が財産の半分を没収されていることと関係あるのかどうかはわかりませんけど……。いずれにせよ、この2年間は蔦重にとっても歌麿にとっても、人生指折りの厳しい時期だったんじゃないでしょうか。

美人大首絵でついに天下を取る！

さて、そのまた翌年の1792（寛政4）年は、厳しい2年間を過ごした蔦重・歌麿にとって反転攻勢の年だったと言えそうです。

山東京伝ともしぶとく動き出しています。懲りない、というより判官びいきの世間が味方してくれたんですね。例の事件がきっかけで、大人から子どもに至るまで、京伝の名前を知らぬものがいなくなったそうです。そこに乗じて、鶴屋喜右衛門と仲良く分け合う格好でしたが、黄表紙の主軸は京伝のまま。2年後の1793（寛政5）

年には十数種類の京伝の作品を出してます。

そして歌麿ですね。ついに、ついに有名な美人大首絵シリーズが出されたんですよ。これによって、先行していたライバル西村屋与八プロデュースの鳥居清長に追いつき、追い越して一気に美人画の王者の座につくわけです。

この年、蔦重・歌麿コンビが出したのが『婦人相學十躰《ふじんそうがくじってい》』と『婦女人相十本《ふじょにんそうじっぽん》』です。「浮《うわ》気《き》之《の》相《そう》」、「面白《おもしろ》キ《き》相《そ》」とかを含む『相學』は人相学をもとに女性の性格とか特徴を、「文読む女」、「煙草の煙を吹く女」「ポッピンを吹く娘」とかを含む『人相』はどっちかというと表情にウエイトを置いてます。

いやほんとにみずみずしいし、胸をはだけてる絵もあるけど全然下品じゃない。今のボクらでも一枚一枚見ながら「あー、いるいる、こういう顔する女の子！」「こういうしぐさをする女の子！」って、にんまりしちゃいます。

この2つのシリーズが浮世絵史上画期的な作品、と言われてるのは、その構図がポイントなんです。それまでは、例えば鳥居清長は着飾った女性の全身像を優雅に描い

喜多川歌麿『婦女人相十品・ポッピンを吹く娘』（18世紀頃）
ColBase（https://colbase.nich.go.jp/）

てたのがウケてたんですけど、この「大首絵」のシリーズは女性の胸から上だけ。ほんの一瞬の表情が、ものすごくリアルに描かれてるんですよ。

背景には何も書き込んでいないから、それだけ女性の表情に目が行くし、余白には高価な雲母の粉を摺り込んであってキラキラしてる。今のボクらが浮世絵の美人画っていうと、逆にまずこの大首絵の構図が思い浮かぶのは、それから後の時代の絵師たちがみんな真似しだしたぐらいのインパクトがあったからでしょう。

かくしてこの2つのシリーズ、爆発的に売れたんですね。

錦絵で描いたシロウト美人

翌1793（寛政5）年、歌麿の次なる大首絵は『当時三美人』です。シロウトも含めた、当時評判だった三人の美人娘ですね。難波屋のおきた（浅草随身門脇にある水茶屋の女性）、高島おひさ（両国薬研堀の水茶屋の娘）、富本豊雛（吉原・玉村屋のお抱え芸者）の三人。念のためですけど、全員が実在した女性です。

この年に、江戸で「水茶屋百人一笑」っていうかわら版が売れたんです。吉原の水茶屋の看板娘たち一人一人を和歌、になぞらえた狂歌で崇め奉る、というもので、『三美人』と相前後して世に出たんです。どっちが火付け役かはわかりませんが、「行けば会えるちょっと美人な町娘」に、いきなりアイドルみたいな商品価値をつけちゃったんですよね。これも売れゆきは凄かったそうですよ。

喜多川歌麿『江戸三美人・富本豊雛、難波屋おきた、高しまおひさ』（18世紀頃）
ColBase（https://colbase.nich.go.jp/）

さらにこの三美人を個別にピックアップしたり、それを持ち歩けるくらい小さいサイズのバージョンを作ったり。いやもう、アイドルのブロマイドですよ。それにしても、これだけダシにした三人に蔦重はギャラとかを払ったのかなあ。ちょっと気になりますね。

で、何が起こったかというと、今と変わりません。難波屋にはおきた目当ての客が殺到して門前が大渋滞。店の前に水をまいて滑りやすくなっているのに、人々はそれを気にも留めない。中には用水桶の縁に上がってまでおきたを覗き込もうとする不届き者も……という記録が残ってます。

高島屋には、ある豪商が「おひさを１５００両で貰い受けたい」と言ってきたそうですね。いや遊女じゃないって。それは親御さんが断って、それからも店には出続けたそうです。

全裸のボクの服を畳んでくれた中森明菜さん

シロウトブームってありましたね、昔。女子大生とか。亡くなった篠山紀信さんが撮影する『週刊朝日』の表紙で、シロウト女子大生を募集してましたね。その一人で熊本大学の学生だった宮崎美子さんは、表紙になったことがキッカケで「今のキミはピカピカに光ってぇ〜」というミノルタ（現・コニカミノルタ）の有名なCMに出て芸能界入りしたんですよね。

篠山さんは、確かご自身のことを「現代の浮世絵師」って言ってたのを覚えてます。「時代を切り取る」って。歌麿も、確かにあの頃の江戸を切り取った錦絵が今もこうして残ってるわけで。言ってみれば、お二人とも同じ仕事をされたんですね。

スターじゃなくて、ボクだけが知ってる人がいいっていう心理は、昔からあったんでしょう。女の子でも、売れる前の芸人が好きな子っていますもん。で、売れた瞬間からもう応援しない、というね。

ボクは中森明菜さんのファンクラブに、大ブレイクする前から入ってました。日テレ『スター誕生！』（1971〜1983年）に出て山口百恵さんの「夢先案内人」を歌ってたシロウトの頃から、やっぱりなんかいいなと思いましたもんね。

ボクのYouTubeチャンネルに、元プロ野球選手の清原和博さんが来てくださった時、清原さんも「スローモーション」で出てきた明菜さんをパッと見て「あ、この子かわいいなと思った」って。感覚は僕と一緒だなあって思いました。

ボクの会員番号が１９７９番。かなり早いほうでしたよ。まだ故郷の山口県にいた頃、明菜さんに「清瀬に遊びに行きます」と書いたファンレターを出したこともありました。

その後、どんどん売れてきたときはもう、優越感に浸《ひた》れましたよ。芸能界に入ってから、和田アキ子さんの誕生日会でボクが全裸になって盛り上げた後、ボクの服を明菜さんが畳んでくれたんですよ。友近さんのものまねみたいな低い声で「ご苦労様」って言ってもらった時は、ちょっと感動して興奮しましたけどね。

史上最高！　８８００万円で落札された「深く忍恋」

『三美人』と同じ年にリリースされて、歌麿の代表作って言われてる『歌撰恋之部《かせんこいのぶ》』は、内気な若い女性の「稀ニ逢恋」、年増の女性が昔の恋を思い浮かべている「物思恋」、恋人の手紙にドキドキしている「夜毎ニ逢恋」、若妻が不倫を想像してる（？）、「深く忍恋」、髪や胸元が乱れてもお構いなしの「あらはるる恋」と、年齢も境遇も違うシロウト女性たちの恋愛中の表情を、すごくリアルに描いてます。

ボクだって今も、プロよりもキオスクや蕎麦屋の看板娘とかCAさんとかのほうを見たいかもですね。「あの会社の受付、ちょっと行ってみたい」とか、「○○の野球部のマネージャー、レベル高い」「練習試合組もう」とか。何のレベルだって（笑）。グラフ誌とかで見て「あ、そのCAさんがいるんだったら、そこの飛行機乗ろうかな」とか。

一番人気は「物思恋」だそうですね。昔、つき合った男を思い出している年増の女性。眉を剃ってるから既婚女性か後家さん。装いとかその柄のジミさから何となく年齢が想像できます。妄想中の男の顔をフキダシ付けて描いてるわけじゃないのに、もの思う恋って聞くと、なぜかそうだとわかっちゃうのがすごい。

2016年、フランスでのオークションらしいんですけど、「深く忍恋」がこれまでの浮世絵では最高額の74万5800ユーロで落札されたそうです。その当時で何と8800万円！　山ほど摺ったうちの1枚が、そんなになっちゃうんですねえ。

だんだん高慢ちきになった難波屋おきた

しかしですね。こうした蔦重のビジネス展開を、幕府はずーっとマークしてたんです。一度つぶした輩が、またチャラいことやって風紀を乱してる、というわけで、内々に調査した調査員のレポートが残ってます。

「両国やげん堀水茶屋高橋屋ひさ、浅草観音難波屋の何とか申し候女、いづれも美婦にて、両人とも絵に摺出し評判仕候由」

いや、高島屋だって。「ほら、あそこの何とかいう女」とか、わざと名前を言わない人っていますよね。美婦ってとこだけはおっさん目線ですけど、「なんだこいつら浮かれやがって」っていう、上から目線のお役人のイライラ感が漂ってきますねえ。

もっとも難波屋のおきたさん、だんだん高慢ちきになってきたらしくて、水茶屋の客にも自分でお茶を出さずに手伝いの女に役目を押し付けるようになっちゃったそうです。

近所の若い男が、おきたに何か言われたんでしょうか、お店に糞尿をぶちまけて暴れる騒ぎがあったんですけど、それがまた人気を呼んで客が集まるという好循環、いや悪循環か……そんななりゆきも上に報告してたんです。こんなことも聞いて回らなきゃならないんだから、幕府のスパイも大変ですねえ。

「シロウトの名入り禁止」にウラワザで対抗

幕府はまたもや蔦重、そして歌麿を狙い撃ちするんですね。1793（寛政5）年、美人画に女性の名前を入れるのを禁止するんです。

これ、どのタイミングでお触れを出したのか不明なんですけど、第3章でお話しした通り、この年7月、定信が老中を罷免されてるんですね。この禁止に定信の意向が入ってるのかどうか不明ですが、少なくともシロウト美人の錦絵を出してるのは歌麿だけでしたし、さっきのスパイ報告書もありますから、完全に目を付けられてたことは確かです。

では、歌麿が素直に名前を削ったかというと、さにあらず。この少し後に、歌麿は美人画を出してるんですが、団扇《うちわ》で仰いで手鏡を見ながら一人リラックスする後ろ向きの美人のすぐ上の壁に、ヘンな絵がかかってるんです。蛇と何かの踊り、田んぼ……一見、何の関連もないものが雑然と並んだ絵なんです。

実はこれ、ちゃんと意味があって、田んぼは「た」、踊りは鹿島踊りで「かしま」、火は「ひ」、杯《さかずき》の頭文字で「さ」。で、蛇は「み」、その「舌」の形が「九」だから「したく」。つなげると、「高島ひさ身じたく」というこのカットのタイトルなんですね。

こういうのを判じ絵と言います。そんなにヒネってませんが、絵で解くクイズみたいなもんですね。「名前書くな」と言われたから「ハイ書いてません」。でも、誰を描いたかは丸わかり、みたいな。「上に政策あれば、下に対策あり」でしたっけ？　それを地で行くやり方ですね。これは蔦重・歌麿の勝ちでした。

幕府はストーカーを心配して、シロウト美人のプライバシーに配慮したのかというと、そういう発想は全然なくて、さっきお話しした幕府のスパイの報告書だと、「茶屋娘の人気はもっと拡大しそう。そのうち他の場所の水茶屋の娘も浮世絵モデルになってしまい、シロウト娘全般が芸者化してしまう。これは身分制度という国の基盤を揺るがし、衰退に向かわせる」

まあ、確かにあの三美人をキッカケに、どこの水茶屋も美人を雇って客寄せに使おうとしていたんです。ただ、そんなので国が傾くわけありませんよ（笑）。判じ絵だけつけておけば、それまでとおんなじようにシロウト美人の錦絵が描ける。きれいに規制のウラをかいたわけです。

出し抜いてやったぜ、ってところでしょうね。もともとプライドの高い歌麿ですけど、その後も酔った遊女たちがひしめく宴会の錦絵に「求めに応じて歌麿自らの艶姿を写す」と自画像を入れてみたり。当時最上級の花妻という遊女が錦絵の中でウットリ読んでいる手紙の文面がすごい。「人真似がキライで、何でも自力で描いてしまうすごい絵師・歌麿」「その歌麿が描いたオマエ（花妻）の似顔絵を眺めていると、寂しくなくなる」などなど、歌麿当人が自画自賛してるんです。

いやー。すごい自負心というかプライド高過ぎというか。人気絶頂だし、幕府という邪魔ものも出し抜いてやった。得意の絶頂って、こういう時のことなんでしょうね。

「写楽」という一大プロジェクト

松村邦洋

錦絵という新しいメディアをフル回転させた

江戸の「二大悪所」っていう言葉があります。よい子は行っちゃいけない場所ってことですけど、どこかというと遊郭と芝居小屋、つまり吉原と歌舞伎のことなんです。大人もあんまり行っちゃいけない場所だったんでしょうけどね。

行っちゃいけない場所っていうのは、行きたくなる場所です。行きたくなるのは楽しいから、面白いから。吉原も歌舞伎も、日々の仕事とか家庭とかの日常からかけ離れた夢の世界。テーマパークみたいなものです。

蔦重は一つめの悪所、吉原とは生まれた時から深ーく関わってたことはずっとお話ししてきました。その広報宣伝マンとして『吉原細見』を量産して、〝リアル界〟の吉原へと人々をお誘いしてた蔦重は、それに飽き足らず、出てきてまだ30年も経ってない錦絵っていうメディアを、天才・歌麿という浮世絵師たちと、たぶん蔦重と北尾重政らブレーンが厳選した腕のいい木版の彫師・摺師とががっちり組んで、安く大量に

絵草紙屋で吊るし売りされている浮世絵に見とれる客たちの様子。
二代柳亭種彦（作）、二代歌川国貞画合巻『鼠祠通夜譚（ねずみのほこらつやものがたり）』（麗沢大学附属図書館所蔵）
国書データベース（https://doi.org/10.20730/100080045）

生産して売りまくったんです。蔦重が最初に始めたとまでは言いませんが、錦絵くらい手のかかった綺麗な女性の絵を、たくさんの人が同時に買って目にすることができる機会って、それまでなかったんじゃないでしょうか。

錦絵を見た人たちが妄想でふくらませた、嫉妬と憧れの〝バーチャル吉原〟を舞台にした短編小説＝洒落本や黄表紙など、遊女とのイキな会話や作法を含めた遊び方指南を読めば、たとえ妓楼に通う金がなくても、モテなくても、ほんとに妓楼に行った妄想に浸れるわけです。『ナイタイ』ほどド直球じゃないが、マナー本ほどハイソでもない。『ホットドッグプレス』みたいな昔のデートマニュアル雑誌ぐらいの軟らかい読み物を想像すればピッタリかもですね。

狂歌も〝バーチャル吉原〟の産物でしょう。階級差のない吉原につどった文化人――面白い狂歌を詠めるタレントですよね――酒上不埒《さけのうえのふらち》とか朱楽菅江とか、狂名は芸名みたいなもんです。タレントたちがテレビのひな壇芸人みたいに集まってワイワイやって、面白い狂歌を詠むところまでは狂歌連がやってましたが、蔦重はその狂歌を、百人一首の体でタレントの名前と顔と狂歌込みで本にして売って、ブームに拍車をかけました。バラエティ番組と芸人。日テレ『笑点』を想像すれば一番わかりやすいかもしれません。

狂歌本や狂歌絵本の読み手は読み手で、やっぱり狂歌連のメンバーに嫉妬と憧れを抱きつつ、「こいつアホやってるけど、ほんとは幕臣なんだよなー」とか何とか言いながら、そのうち推しの狂歌師が出来て、その人が出す印刷物は全部買ったりして。

そして、もともと文才のある人々の集まりである狂歌連メンバーにもまた、戯作の手練《てだ》れがいるわけです。そうしたメンバーが書く黄表紙が、これまた〝バーチャル吉原〟の中に住む「吉原文化人」っていうプレミア付きで売れるわけですね。こうした仕事を一手に展開する蔦重は、もはやリアル、バーチャルいずれにおいても「吉原と言えば蔦屋」のブランドを確立したんじゃないでしょうか。

ともかく、大量生産するビジュアルを使った儲け方が、ほんとに時代の先端を行っていたんですね。

「美人遊女たちに密着24時間！」

そんな〝バーチャル吉原〟を生む重要なキーが、言うまでもなく歌麿です。そもそも「青楼の画家」と呼ばれたほど遊郭の女性たちをたくさん描いた歌麿は、かなり早い時期、１７８３（天明３）年に『青楼仁和嘉女芸者部』『青楼爾和嘉鹿嶋踊《にわかかしまおどり》　続』という、遊女だけをピックアップした錦絵を出していました。

蔦重と組んでからも、相当な量の遊女たちの錦絵を出してます。ドでかい掛け軸画の三部作「品川の月」「吉原の花」「深川の雪」なんかもすっごい作品なんですが、先にお話しした『三美人』シリーズと同じ年にリリースされた豪華シリーズ『青楼十二時《せいろうじゅうにとき》』をちょっと眺めてみましょうか。

『青楼十二時』は遊女のオフ、というか普段の生活を24時間、子の刻から亥の刻まで全12カット、それぞれに一〜三人の遊女が描かれてます。大首絵じゃなくて全身像ですね。それぞれのカット、いいですね。深夜にだらしない格好でトイレに向かったり（丑の刻）、早朝に火鉢の前で遊女二人が何か雑談してたり（寅の刻）、胸をはだけたまま寝床に入る遊女のサービスカット（辰の刻）、朝寝から起きてお湯を浴びて（巳の刻）……。

いやー、吉原の美人遊女たちに密着24時間！　って感じ。見入ってしまいますね。色使いがすごく繊細で上品だし、着物の柄なんかすごく細かくて、カネかけてるなあっていうのがよくわかります。歌麿の作品には豪華に着飾った「花魁道中図」なんかもありますけど、逆にこういうもののほうが興奮しますね。これが吉原の裏側か！　って。今のボクらでも妄想が膨らみますよ、遊女を描いた歌麿の錦絵って。

喜多川歌麿「青楼十二時 續・辰ノ刻」 18世紀頃
ColBase（https://colbase.nich.go.jp/）

江戸のお父さんたち、春画の隠し場所は？

そういえば、こういう錦絵を買った江戸の町のお父さんやお兄さんたちは、どこに隠してたんでしょうかねえ。絶対安全な隠し場所を確保しないと、落ち着いて妄想もできません。そうそう、特に春画。お母さんに見つかったら大変なことになりますからね。

そんな疑問をＡＩに聞いてみたら、こんな答えが返ってきました。

●遊女の絵は、時と場合によっては隠す必要があったかもしれません。押し入れの奥や、床下など、人目につきにくい場所に保管されていた可能性もあります。

●隠し場所の必要性　～公的な規制があったため、春画や遊女の錦絵は完全にオープンに展示されることはありませんでした。家族、特に子供の目に触れないよう、ある程度の配慮が必要だったと考えられます。

●私的な楽しみ　～春画は主に大人の私的な楽しみとして扱われ、寝室や書斎など、個人的な空間で鑑賞されることが多かったでしょう。

●文化的価値　～一方で、春画は単なるポルノグラフィーではなく、芸術的・文化的価値も認められていました。有名な浮世絵師たちも春画を制作しており、コレクションの対象にもなっていました。

●結論　～江戸時代の春画や遊女の錦絵は、現代のエロ本ほど厳しくタブー視されてはいませんでしたが、完全に公然と扱われていたわけでもありません。社会的な規制と個人的な楽しみのバランスを取りながら、適度に隠しつつも鑑賞されていたと考えられます。家族に見られて「まずい」という感覚は現代ほど強くなかったかもしれませんが、一定の配慮は必要だったでしょう。

あの頃は書斎とか子ども部屋なんてなかったでしょうから、厠《かわや》くらいしかなさそうだなあ、ゆっくり使える場所は……。

それにしても、どれだけ遊郭に入り浸ってたんですかねえ、歌麿は。『青楼十二時』は、遊女たちのしぐさも装いもスキだらけ。女性しか入れないはずの場所にＯＫもらって入り込んで、そこでスケッチしてたわけですから、モテたんでしょうねえ。

実は大ピンチだった歌舞伎界

で、蔦重は悪所・吉原でやったのと同じことを、２つ目の悪所・歌舞伎の世界でもやってやろうと首を突っ込んだんですね。

〝バーチャル歌舞伎〟のキーとなったのが東洲斎写楽。今や世界有数の肖像画の描き手っていう評価がついた天才浮世絵師です。浮世絵・錦絵についてそんなに詳しくない人でも、名前を聞けばおおかたの方はご存じですよね。プロデュースしたのはもちろん蔦重。48歳で死ぬ3年前の仕事です。

実は歌舞伎界も、寛政の改革の影響を受けて大変なことになっていたんです。

もともとお行儀のいい世界じゃないですから、潰される前に、と自主規制したんですね。夕方5時（夕刻７つ）には公演を終わらせる、上演中に灯火は灯さない、役者は一般市民とは違うところに住む、役者の年収を５００両に抑える（それでも３０００万円くらいまでいくらしいですけど……）、あと従業員のリストラ、などなど。

しかも、どこの興行元も10万両単位の大赤字。もともとどんぶり勘定でやってたのかもしれませんけど、１７９４（寛政６）年には市村座、森田座、中村座が経営を維持できなくなっていたとか。まあとにかくひどい状態だったそうです。

ではなぜ、蔦重はそんなにひどい状態の歌舞伎界へ踏み込んだんでしょう？　吉原が深川遊郭に追われていた、というお話はちょっとしました。〝吉原ブランド〟確立に走り回っていた蔦重が、義侠心を出してもおかしくはない気がします。歌舞伎界の人々が以前から蔦重が吉原でやっていることを見ていたり、あるいは吉原でバッティングしたとかのご縁があったりして、「何か同じようなことをやってくれないか」と依頼されてたとしたら面白いし、それで引き受けていた蔦重も面白いですね。

リリース直後は、賛否両論だった写楽の作品

1794（寛政6）年5月、江戸・日本橋の耕書堂で突然リリースされた、新人の浮世絵師が描いた歌舞伎役者の大首絵28種類。それまでの錦絵とは全然違う、見る者をぎょっとさせる、引かせてしまうような図柄ばかりでした。歌舞伎役者を描いた役者絵は、もちろん蔦重がやる前からありましたけど、表現の仕方から何から全然違ってたんです、それまでのと。

それまでの役者絵は、やっぱり男前だったり、女形ならちゃんと演じてる女役に見えるような描き方をするものでした。ところが、写楽のやつはわざとか？　ってぐらいゆがんでる、というか役者の生まれつきの顔通りなんですよ。いや、その通りじゃないですね、デフォルメしてるんです。

しかもそのデフォルメの仕方が大胆過ぎる。大胆過ぎて、描かれた役者さんが「なんでこんな風に描いた」と激怒しそうな、本人がイヤがる、気にしてる特徴をあえて強調して描いているように見えたんです。

東洲斎写楽「三代目大谷鬼次の江戸兵衛」（1794）
ColBase（https://colbase.nich.go.jp/）

写楽と聞いてすぐ思い浮かぶ作品は、「三代目大谷鬼次の江戸兵衛」でしょうか。目の隈取《くまどり》も鮮やかな盗賊の頭・江戸兵衛に扮した鬼次が、両手をパッと開きながら口をへの字に曲げ、ぐっと表情をキメてる一枚。あまりにインパクトがあり過ぎて、あれを写楽本人の顔だと思い込んでる人がいるんじゃないかってくらいです。

あと、「市川鰕蔵《えびぞう》の竹村定之進」は、でっかい鷲鼻《わしばな》と二重アゴ、橙色の紋付きの定之進に扮した鰕蔵。首も太く、アゴも張ってて、女に扮した「男」であることをわざわざ強調したような「二代目小佐川常世の一平姉おさん」も、見れば誰もが写楽の作品だってわかると思います。

あまりのインパクトの強さで、売り出した頃は賛否両論あったらしいです。江戸時代の後期に出された『浮世絵類考』っていう研究書に、大田南畝が「あまりに真を画かんとてあらぬさまにかきなせしかば、長く世におこなわれず、一両年にして止む」という一文を書いてます。要は「役者はもっとカッコよく描けよな。ほんとに本人そっくりに描く奴がいるかよ……」って。写真がなかった時代、ここまで顔の骨格のイビツなところをそのまんまに描く絵師がいなくて、戸惑ったんでしょうね。いいと

東洲斎写楽「市川鰕蔵の竹村定之進」（1794）
ColBase（https://colbase.nich.go.jp/）

言っていいのかどうかさえわかんない感じ。

ただ、実際は相当に売れたようですね。何枚売れたとか数字では残ってないですけど、初版とはちょっと違う、追加で摺られた分がたくさん見つかってるのと、後々、戯作者の十返舎一九が自分で書いた黄表紙の中で写楽の署名入りの凧《たこ》を上げた挿絵を入れてますし、式亭三馬も黄表紙で北斎、歌麿、写楽を同列に扱ってるんですよ。

いい、悪いとかじゃない。「何これ?」「なんかすげー!」ってビックリして、みんなついつい買ってしまったんじゃないでしょうか。本当に新しい、すごいものってそうなるんじゃないですかね。

写楽はこの大首絵のシーズン1からシーズン4まで、何と140点以上が出版されたあと、南畝が書いた通り「一両年」、つまり10カ月そこそこでフッと消えてしまうんです。

十一代目の岩井さんはボクのご近所で、ごあいさつもしてイベントにも呼んでいただいてます。妹さんが、松方弘樹さんの元奥さんの仁科亜希子さん。
東洲斎写楽「四代目岩井半四郎の乳人重の井」（1794）
ColBase（https://colbase.nich.go.jp/）

写楽とものまね、どっちもデフォルメです

写楽の作品のデフォルメはそれだけ強烈なんですけど、ボクらがやる有名人のものまねも、要はデフォルメだと思いますよ。コロッケさんじゃないけど、本物と似てるかどうかは二の次で、「怒られるよ、それやったら」っていうようなのも大事ですもんね、見てるお客さんに訴えかけるには。

だって、コロッケさんのやる八代亜紀さんのものまね、まぶたに目、描いてますけど、本物は描いてないですし（笑）。谷村新司さんとか松山千春さんのマネをするとき、髪の毛をこうやって上げてやるのも、デフォルメって言えばデフォルメ。でも、コロッケさん本人は、「『今日、松山千春さんが来るよ』って言われたらどうしよう……っていつも思ってる」って言ってました（笑）。「用意したハゲヅラを松山千春さんに見つかった時、とっさに『これは谷村新司さんのです』と言ってゴマかした」って話は笑いましたね（笑）。

写楽はあれを描く前に、その役者さんに「こんな具合に描きますからよろしく」っ

て、挨拶したんでしょうか？　ボクらなんか普段、本物の方にちゃんと挨拶くらいしとかないと、訴えられてもおかしくないですからね。

ボク的には休刊した『週刊朝日』の最後のページ、山藤章二先生のあの面白いやつ、「ブラック・アングル」とちょっと重なります。山藤先生は、えらい人や権力を持ってる人をデフォルメで茶化して一般の人を喜ばせるから、カッコイイと思いますよ。前のほうの似顔絵の投稿ページに、ボクの似顔絵がよく出ていて嬉しかったですね。

写楽＝阿波の能役者説は本当らしいけど……

いきなりブッたまげるような役者絵でデビューして、あっという間に消えた写楽。いったい何者だ？　誰なんだ？　という謎解きは、今にいたるまでずーっと、ああでもない、こうでもないと論争され続けてきました。彗星のように現れて消えた天才って、一番ドラマチックじゃないですか。知りたいですよね、誰なのか。

浮世絵師はおおかた誰かの弟子になって、修業を積んで、版元にちょっとしたところの絵を描かせてもらってキャリアを積んでから、満を持してデビューっていうのが王道ですよ。歌麿だってそう。蔦重はまず狂歌本の挿絵を描かせてるわけですからね。世界の北斎なんか、挿絵を長いこと描いたりしてむしろ遅咲きの人でしたから。

それが、写楽はデビュー戦でいきなり歌舞伎役者の役者絵。晴れ舞台ですよ。しかもどこどこで修業したっていう形跡が見つからなかったんです。だから、誰か有名な浮世絵師が別名で描いたんじゃないか？　ってことで、歌麿や北斎、鳥居清政なんかの名前が挙がったことがあります。中には蔦重本人じゃないか？　っていう説まであリますからね。

今、一番有力なのが**斎藤十郎兵衛**という能役者。江戸・八丁堀に住んでいた阿波徳島藩の蜂須賀家お抱えの能の役者です。映画『写楽』での真田広之さんは、名前は同じでも歌舞伎役者でしたけどね。さっきお話しした『浮世絵類考』の増補版に「江戸八丁堀に住んでた」って書いてあるんですよ。最近、別の資料からも十郎兵衛が実在したことがわかったので、１００％確定ではないけど、十郎兵衛でほぼ決まり！　になってるみたいです。

じゃ、「写楽って誰？」問題はこれで解決かっていうとそうでもないんですね。例えば、一人で描く油絵みたいに「ひまわりを描いたのは誰？　答えゴッホ」、ハイ終わり、じゃすまないんですよ。

役者絵はアートというより売り物

なぜって？　浮世絵は、ただでさえ人手がかかるんです。絵を描く浮世絵師だけじゃなくて、それをもとに細かーく木版を彫る彫師、その木版をもとに一枚一枚ズレないように丁寧に重ね摺りしていく摺師が最低限必要です。それにわずか10カ月で140点以上って、あの世界ではそれだけで相当異常な数らしいんですよ。なんせ1点につき最大で30くらい、絶対にズレないように一色ずつ色を重ねていくんです。それを何千枚も摺るんですから、摺師なんて何人いればいいんだか。

実際に描いて彫って摺って売ってた作り手にとっては、浮世絵・錦絵はアートというよりも、量産して売る売り物なんですね。あるいはポップアートとも言うんでしょうけど。

それに、歌舞伎の売りは役者です。もちろん、演目と役柄が好きで舞台を観たり、役者絵を買ったりする人もいるんでしょうけど、芸能関係のお客さんのリピーターは、ほぼ芸能人本人のファン、歌舞伎なら役者のファンですよね。ですから、売り物はまず役者に絞ったものじゃなきゃならないんです。

で、絶対に売れるものを大量生産するには、これだ！　とわかってるもののパターン化ですよ。役者絵のような版画なら、絵柄のパターン化です。

もちろん、顔もポーズも衣装も何もかもおんなじじゃ、ハンコみたいですから話になりません。何をパターン化したかというと、顔なんです、歌舞伎役者の顔。デフォルメした役者の顔を、何度も何度もリピートできるようにパターン化したんです。同じ役者が違う演目を演じた役者絵でも、顔の描き方のパターンだけはまったく同じ。これを徹底的にやった。

そうしたら、めちゃくちゃデフォルメされた、見ようによっちゃグロテスクなくらいその役者の特徴をとらえた図柄になっちゃった。これ、写真みたいにリアルに似せて描くのとは全然違うアプローチですからね。ものまねといっしょですよ。

同じ役者が違う役、違う演目を演じている役者絵を、その役者を推すファンなら全部買ってくれる。そういうパターンを作り上げてたんでしょう。写楽が描いた歌舞伎役者は全部で47人だから、顔も47パターン。ハンコみたいに同じ顔にしたわけじゃなくて、おのおのの役者ごとに目、眉、鼻、アゴなんかの向き、大きさについて、ルールをいくつか決めておいたんじゃないでしょうか。

写楽の作品には、同じ役者が違う役を演じたものが複数残ってます。顔、ほんとにどれも同じですよ。

その顔のパターン化のために大きな働きをしたのが、斎藤十郎兵衛だった、というのがこの説のキモなんですね。

役者の顔を、能面をヒントにパターン化

斎藤十郎兵衛の何がすごかったのか？　写楽以外で十郎兵衛が描いた絵は今のとこ

ろ出てきてないので、絵描きとしての腕はわからないんですが、写楽のキーポイントの一つは、他ならぬ能なんです。

能の役者さんって、顔に能面をつけますよね？　じゃ、その能の面って、何種類あるかご存じですか？　何と、基本的なものだけでも約60種類。その他の面を含めると、約250種もあるんだそうです。目の表情、まぶたが一重か二重か、眼窩《がんか》のくぼみ方は？　等、顔のどのパーツの何をどういじると、そのお面が現わす人の喜怒哀楽とか本性みたいなものはこう変わる、という精密なノウハウを、能と能面に携わる人は持ってるんだと思います。

蔦重が十郎兵衛に求めたのは、そういうノウハウだったんじゃないか、と言われているんです。しっかし、よくこんなところに気付きましたよねえ。歌舞伎の商品を作るのに、能面作りのノウハウを持ってくるなんて。蔦重本人か、北尾重政をはじめブレーンがめちゃくちゃ優秀だったんでしょうね。

歌麿、政演らは写楽に助太刀したのか

じゃ、能の関係者なら誰でもいいじゃん、って話になりますけど、それがそう簡単じゃないんですよ。当時、能は武士階級が中心のエリートの人たちの芸能で、歌舞伎は一般庶民の芸能。今みたいなハイソな芸能じゃなかったんですよ。実際、能の世界の人が歌舞伎に関わることは、固く禁じられていたそうです。だからそもそも、ＯＫしてくれる人を探すのが難しいんですよね。

じゃあ、何が十郎兵衛を動かしたのか。やっぱり蔦重の吉原接待攻勢でオチたのかなあ……今となってはそう考えるしかないんですが、ともかく蔦重のオファーにＯＫしてくれた。絶対秘密のうちに進めたんでしょう。十郎兵衛の名前がなかなか表に出てこなかったのは、そういう事情もあったのかもしれません。禁を犯すからには、それなりにギャラははずんだでしょうね。

それに、能面作りのノウハウのもう一歩先をいく、これがあるから選んだんだと蔦重が言える何かを、十郎兵衛が持っていたのかもしれませんね。

そのとき、十郎兵衛が元絵そのものを描いたことはないんじゃないでしょうか。十郎兵衛は一人一人の役者のどこをどうデフォルメするかっていうところまでは技術指導したけれど、実際の絵は顔もそれ以外も浮世絵師が描いたんじゃないかと考えられてます。

こうなると、「東洲斎写楽」は個人の名前じゃなくて、売れる役者絵を大量生産するプロジェクトの名前と言っていいかもしれませんね。ここらへんは、富田芳和さんっていう方が書いた『プロジェクト写楽 新説 江戸のキャラクター・ビジネス』（ランダムハウスジャパン）に詳しいのでぜひ！

じゃあ、助太刀したのは誰なのか？ この頃蔦重に関わっていた浮世絵師は、歌麿や政演、勝川春英なんかがいました。

普通、彼らのうちの誰かが描いたと考えますよね。確かに、これまでの「写楽って誰だ？」論争の中で、このメンバーは何度も名前が挙がっています。ただ、「写楽」以外の名前はどこにも記されてないから、結局は不明なんです。それが誰だったにせよ、写楽プロジェクトの名のもと、匿名で仕事をさせられたということに関しては、プライドを持つ浮世絵師たちの本心はどうだったのか、興味あるところですね。

歌麿が〝写楽大嫌い〟な理由

一つ面白いのは、歌麿が写楽について、名指しではないけどボロクソに言ってるんですよ。蔦重がこの世を去ってからの話ですが、歌麿がある役者絵を描いたとき、「オレが役者絵を描くときは、そいつの欠点をあからさまに描いたりはしねえよ」という意味の言葉を残してるんです。オレは写楽みたいな絵は描かねえ、と。たぶん、その頃も「写楽って誰だったの？」と聞きたがる人はいて、それがイヤだったのかも。歌麿本人の名で出した役者絵があまり売れなかったという話もあります。

確かに、歌麿の絵は写楽の絵とは正反対ですからね。そしてこの一言が「写楽は歌麿だった説」を否定するときの根拠になっているようです。

でも、深く関わったからこそ出る文句ってありますよね。仕事の最中は色々なプレッシャーや葛藤があってもガマンして一生懸命仕事をし続けて、終わったー！となったときに、色々とグチったり、「あんなのオレとは関係ねえ」とか言いたくなることもあると思うんです。

もし歌麿が本当に関わっていたら、能役者だが絵のシロウト？　の十郎兵衛に顔の描き方を指導されてたわけで、女のエロい顔かたちと表情にかけては、オレは神ぐらいに思ってた歌麿ならなおのこと、写楽なんか認めたくないし、関わってたらそれを死ぬまで隠したくなるんじゃないでしょうか。

10カ月で終わったのはなぜか

結局、「写楽プロジェクト」は10カ月で終わってしまいました。注目を集めたとはいえ、吉原みたいにはうまくいかなかったのかもしれません。

シーズン1　1794（寛政6）年5月
●28点の大判大首絵を発表

●黒雲母摺を使用した役者絵
(代表作の多くはこの時期)

シーズン2　1794（寛政6）年7月・8月
●二人組の役者の大判7点
●楽屋頭取口上の図1点
●細判（大判の半分程度のサイズの超細密な半身像）30点

シーズン3　1794（寛政6）年11月・閏11月
●人気関取・大童山を描いたものなど大判4点
●2点の死絵（歌舞伎役者などの著名人が亡くなった際に、訃報と追善を兼ねて出された浮世絵）を含む間判（大判より一回り小さなサイズ）13点

シーズン4　1795（寛政7）年1月・2月
●細判47点

●興行を描いた細判10点
●大童山などを描いた間判5点

なぜそうなったんでしょうかね。シーズン1でとんでもないインパクトだった大首絵を、シーズン2ではなぜか全部全身像に変えてしまいました。シーズン1に続いて、今度は全身像のパターン化に取り組んだのかも、という話です。シーズンとシーズンの間がなんで数カ月しかないのかが謎ですけど、何人も関わった浮世絵師の腕前や役割分担がバラバラで、出来上がりのばらつきが目につく、というのが専門家の見立てだそうです。

もっとも、こんなふうに作る役者絵なんて誰もが初めてだったでしょうから、みんな右往左往してたのかもしれませんね。プロジェクト全体の品質管理なんて考える人がいたのかもわからないし、ましてそれができる人がいたのかどうか。

あったとしても、やったことない作業に納得できず言うことを聞かなくなるメンバーなんかもいたかも。蔦重が思い描いた通りには、作業は進まなかったんじゃないでしょうか。

東洲斎写楽「四代目松本幸四郎の新口村孫右衛門と初代中山富三郎の傾城梅川」（1794）
ColBase（https://colbase.nich.go.jp/）

蔦重が遺したもの

蔦屋重三郎

蔦重の死と新しい才能——馬琴、一九、北斎

写楽プロジェクトの進行中にリリースされた、歌麿の最高傑作とも言われる『北國《ほっこく》五色墨《ごしきずみ》』5カットの版元は、蔦重ではありません。あまり名前の知られていない版元です。実はこの頃から、歌麿は蔦重以外の鶴屋とか近江屋とかの版元から作品を出し始めてるんですね。なぜでしょう？

写楽に絡んで二人の間にすきま風が吹いたんでしょうか。もし歌麿が写楽プロジェクトに参加していたとしたら、天才なオレとは正反対のやり方に嫌気がさし、参加していなかったとしたら、そんな写楽に入れ込む蔦重に失望した、とか。単純に蔦重が短い納期で大量の作品を作らなきゃならない写楽プロジェクトに忙しすぎた、とか。

もっとも、絶版と財産半減のダメージは想像以上に大きかったようですね。その年（1791〈寛政3〉年）と翌年は、前年（1790〈寛政2〉年）と比べると、黄表紙・洒落本・狂歌本ほかのリリースの点数が半分に減ってるんです。

その次の年も、過去の名作の摺り直しだったり、十種類以上の絵本の版権を上方の版元に売ってしまったりもしています。山東京伝が一人で頑張ってはいましたが、蔦重の財政状態はちょっとよくなかったみたいです。写楽プロジェクトがどうだったのかは不明ですけどね。

それに、やっぱり業界自体が変わっちゃったんです。はっちゃけてた黄表紙が急に元気がなくなって、やたら儒教の説教じみた優等生になってしまう。蔦重自身も書物問屋の株を持ってマジメな参考書を売り始めたことは先にお話ししましたが、やわらか路線のほうがそうなってしまった。その流れがその後、逆転することはなかったんですね。

もっとも、地本問屋・書物問屋の両方の株を持った蔦重は、それまで江戸オンリーだった商品の販路を、硬軟合わせて上方や地方にも伸ばそうとしてあれこれ画策していたらしいんです。それらは蔦重が死んだ後に、ライバルだった西村屋与八、鶴屋喜右衛門たちが形にしていったそうです。

「きょうの正午にオレは死ぬ」

写楽プロジェクト立ち上げから約3年後、1796（寛政8）年の秋、蔦重は重病にかかります。脚気だったそうですね。そこからどんどん悪くなっていったそうです。翌1797（寛政9）年5月6日、危篤状態におちいった蔦重は、「今日の昼、正午にオレは死ぬ」と言って、自分が死んだ後の家の中のことを色々手配して、妻――橋本愛さん演じる「てい」ですね――と別れの言葉を交わしたそうです。

……が、正午になっても死ななかった（笑）。「人生最後の拍子木、まだ鳴らねえな」と笑ってたそうですね。歌舞伎の閉幕のときに鳴る、あれでしょうかね。最初ゆっくりで、だんだん速くなっていくやつ。大相撲でも使ってますけど。

しかしそれが最期の言葉になったようで、その日の夕方に永眠。享年48でした。当時経営自体は決してウハウハではなかったようです。でも、歌麿や写楽、大田南畝・山東京伝らの才能を大きく花開かせたことは、当時も今も誰もが認めていることでしょう。

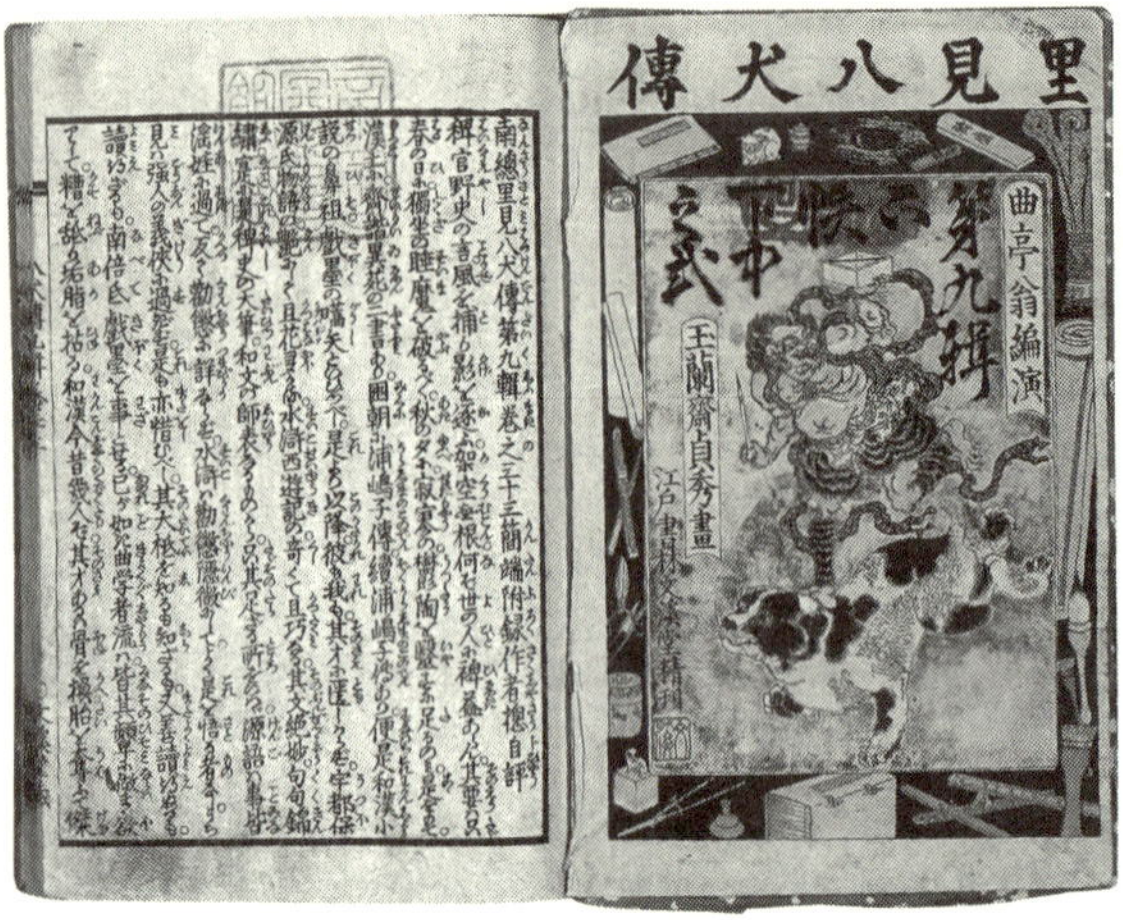

曲亭馬琴（著）、柳川重信ほか（画）『南総里見八犬伝』（1814～42）
国立国会図書館「国立国会図書館開館60周年記念貴重書展」
（https://www.ndl.go.jp/exhibit60/）

それに蔦重は、京伝や歌麿の〝次〟の新しい才能を、ちゃんと〝発掘〟していたんですよ。

1人が**曲亭馬琴**です。「滝沢」馬琴と言ったほうがわかりやすいでしょうか。馬琴と言えば全98巻106冊、28年かけて完結した大長編『南総里見八犬伝』ですね。仁・義・礼・智・忠・信・孝・悌の珠を持つ八犬士が、怨霊や妖怪相手に戦いを繰り広げる波乱万丈ストーリーです。

書き始めたのが1814（文化11）年、49歳のとき。書き終わったのが何と77歳。NHKでやってた人形劇『新八犬伝』ものすごく長く続いて、1973（昭和48）年4月から1975（昭和50）年3月まで、何と全

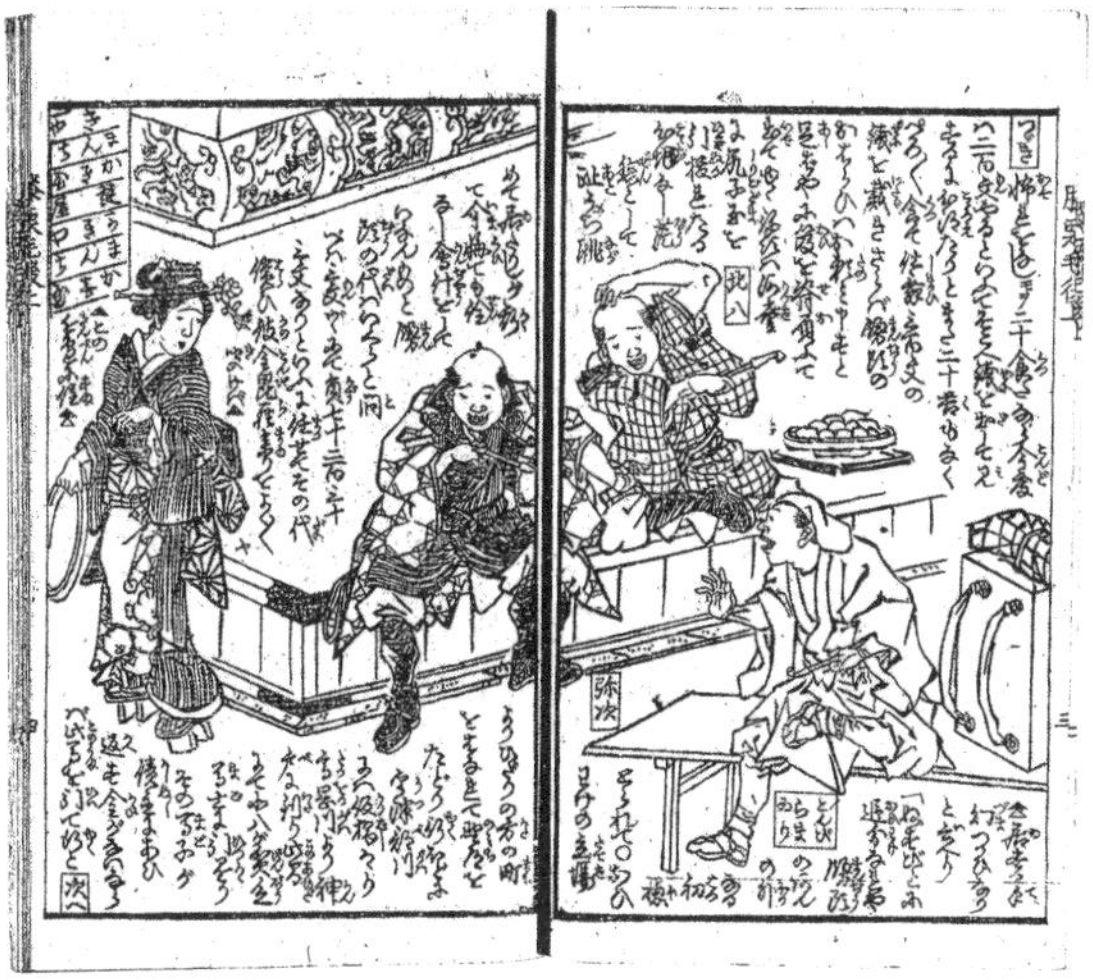

十返舎一九（著）、桜沢堂山（編）『東海道中膝栗毛』
国立国会図書館デジタルコレクション（https://dl.ndl.go.jp/pid/879122）

464話ですよ。「いざとなったら珠を出せ〜」って歌がありましたね。

もとは武士の子だったんですが、24歳の時に山東京伝に弟子入りを志願。26歳の時に番頭として蔦重の店に勤めてます。馬琴の黄表紙は、ほぼほぼ蔦重か鶴屋から出ています。

もう1人が**十返舎一九**。蔦重が死んで5年後の1802年（享和2）年、弥次さん喜多さんの『東海道中膝栗毛』を出して江戸の大スター作家になった一九も、15歳年上の蔦重が番頭にしてました。膝栗毛は膝に栗色の毛が生えてるんじゃなくて、歩いて旅行すること。「栗毛＝馬」の代わりに「膝＝歩き」で行く、という意味だそうです。

武士の出で、一度は江戸で仕官したけれど、大坂に行って武士を捨て、作家の道へ。再び江戸へ出てきた時に蔦重の世話になってます。自分で挿絵も書いた黄表紙を出して、順調にキャリアを伸ばしていったそうです。

蔦重より10歳若い勝川春朗も、ここに書いときましょう。勝川春章の弟子となってからこの名を名乗ってます。黄表紙の挿絵や役者絵で早いうちから目立ってまして、出会った頃の蔦重はちょうど財産を半分、幕府にブン取られた頃。さっそく春朗に武者絵を任せています。

しかし、数年後に蔦重は春朗の作品にダメ出しして出版をストップ。満足いく出来ではなかったようですね。春朗が「**葛飾北斎**」を名乗るようになったのは46歳のとき。蔦重が死んでから8年後のことでした。映画『HOKUSAI』(2020年)では、柳楽優弥さんが演じる若き日の北斎を、阿部寛さんの蔦重が叱ったり、挑発して怒らせながら叩き上げていきます。

さて、気になるのは歌麿です。蔦重が死んだ頃には、シロウト美人ブームはもう終わっていました。高島屋おひさは浅草の煎餅屋さんに嫁に行き、富本豊雛もどこかの

葛飾北斎「冨嶽三十六景・神奈川沖浪裏」（19世紀）
ColBase（https://colbase.nich.go.jp/）

大名の側室になってたという噂も。

それに加えて、うまく編み出した規制回避のワザ・判じ絵も、1796（寛政8）年に幕府が判じ絵を禁じたため、とっくに描けなくなってたんです。判じ絵なんて描いてたの、歌麿だけじゃなかったですかね？

そんな中で美人画ナンバーワンのポジションを維持するのは大変だったと思います。売れる美人画の方向性なんかをアドバイスしてくれた蔦重はいないから、何から何まで自分でやらなきゃならない。

そんな中で、今度は働く女性たちを描いた『婦人手業拾二工《ふじんてわざじゅうにこう》』、『婦人手業操鏡《ふじんてわざあやつりかがみ》』『女織蚕《じょしょくかいこ》手業草《てわざくさ》』、そして海女さんを描いた『鮑《あわび》取り』と傑作を連発します。

ただ、寛政の改革は松平定信が表に出なくなっても、規制の基本方針は変わらず、そのうちに世の中の空気がだいぶ変わってしまったんです。1800（寛政12）年、西村屋が江戸の火消しによって打ちこわしにあいます。西村屋から出した式亭三馬の作品に、その火消しを誹謗する箇所があった、というのが理由でした。

その打ちこわしから間を置かずに、美人大首絵そのものを禁じる禁令が出てしまいます。これはある意味、歌麿がトドメを刺されたようなもの。世の中的にも、規制を強める幕府だけでなく、江戸の住民の間にも「浮世絵は規制すべし」という雰囲気が生まれてしまったそうです。

それ以降に歌麿が出すシリーズは、教訓本の形を取ったり、いちいち説教くさい一文を添えたりする規制逃れが目立ち、肝心の女性の絵の質も「なんかこれ、前に見たことある」と言われるようなものにだんだんと落ちていったそうです。

吉原を扱ったひさびさの傑作絵本『青楼絵抄年中行事《せいろうえしょうねんじゅうぎょうじ》』（1804〈文化元〉年）も、文章を書いた十返舎一九とトラブルに。アラフィフの往年の売れっ子が、上り坂のスター作家と「この本はオレが売ったんだ！」と争うケンカは、なんかワビしいですねえ……。

ついにお縄……牢屋に3日、手鎖50日

同じ年の5月、何の前触れもなく、奉行所から歌麿にいきなり出頭命令が下るんですよ。前の年、太閤200回忌に合わせてリリースした1カット「太閤《たいこう》五《ご》妻洛東遊観《さいらくとうゆうかん》之図《のず》」がその理由でした。

出頭してそのままブチ込まれた歌麿は、獄中で3日間きつい取り調べを受けて、山東京伝と同じく手鎖50日間の刑を食らいます。ワザでお上の禁制をのらくらとかわしてきた歌麿ですが、とうとうブチ込まれてしまいました。精神的にも肉体的にもかなり堪《こた》えたようで、歌麿はその2年後に亡くなります。遺体は当時浅草にあった専光寺に葬られました。妻？　のおりよと一緒です。

しかしですね、美人画でも、まして禁じられた大首絵でもないのに引っかかった理由が、ちょっとよくわからなかったんです。秀吉が美女をはべらせて飲み食いしてるのが、時のオットセイ将軍・家斉をおちょくってるとみなされた。それか、そもそも

神君・家康公とどっこいの人気を誇った——特に上方ですね——秀吉を豪華な絵で持ち上げることに、幕府が何かとウザがってたことが原因だった、とか。

しかし、西村屋の打ちこわしを見ると、あの時の世の中はそういう空気だったんじゃないでしょうかね。そこにあんまりハッキリした理由なんて要らないんでしょう。下々の空気を読んで、これなら大した理由がなくとも皆納得するだろうと踏んだ。前々からの恨みも込めて、幕府はそんな感じで歌麿をパクったんじゃないでしょうか。

当時はSNSなんてないですけど、現代も言葉の捕物帳《とりものちょう》っていうか、ボクらがうっかり言っちゃった余計な言葉を刈り取りに来ますよね。「御用だ！」みたいに。今、芸人のやす子さんに「死んでくださーい」って返信したフワちゃんの物真似なんて、とてもできませんもん。こっちに火の粉が飛んできますよ。

田沼時代みたいなにぎやかなバブル時代から定信のコンプラ重視の時代に入って、色んなことが厳しくなると、お触れを出したお上だけじゃなくて、別に権力なんか持ってないふつーの人たちも、いっしょになって「規制だー」と言ってくる。そういう空気、ちょっとこわいですよね。極端な話、戦争が始まっちゃうんじゃないかってぐらい。やっぱり、平和な時代だからこそ、日テレ『進め！　電波少年』（１９９２～１９９８年）で、松本明子さんがやったような、アラファト元ＰＬＯ議長や、エリツィン元ロシア大統領や、ネルソン・マンデラ元南アフリカ大統領へのムチャなアポなし取材ができるんですよ。もういっぺん、何を言ってもよかったビートたけしさんの頃みたいな時代が復活してほしいですね。

『べらぼう』はぜひ、面白くて見応えのあるドラマにしてほしいです。ただ、案外そういうところをストーリーに入れ込んで進めていくんでしょうかね。ＮＨＫの人も、ある意味戦ってるのかもしれません。

長めのあとがき
――〝Mr．大河ドラマ〟西田敏行さんが逝ってしまった……

どうも、松村邦洋です。今、ここを読んでいただいているということは、最後までお付き合いいいただいたということですよね。本当にありがとうございます！

２０２４年の『光る君へ』の平安時代と同じで戦もなく、主人公も武士ではなく、そもそも知っている人も少ない男。それでもこれだけ面白い、波乱万丈の人生を送った人が、まだドラマのネタとして手付かずで残っていたんですね。

安永・天明から寛政へと移る間の政治史も、教科書で学んだ事柄とはまるで違う、ブッタマげるような新事実が、今もどんどん掘り起こされ続けていると知りました。いやー、日本の歴史は本当に深いです。日本史の知識をほぼほぼ大河ドラマで頭に入れているボクにとって、それがリセットされていくのがオドロキだし、とにかく楽しくてしょうがありません。

でも、そんな中で「Mr．大河ドラマ」と言ってもいい名優・西田敏行さんが2024年10月にお亡くなりになりました。76歳。KBCラジオ『PAO～N』（2003年～）出演中に訃報が飛び込んできて、「うわぁ……」って絶句してしまいました。本当に、心からご冥福をお祈りしたいです。

体調ちょっとあんまり良くないのかなと思いながらも、西田さんって、ボクからメール入れると、『まっちゃん、観てくれてる～？　日曜日、今出てるからねえ～』って言っていただけるんですね。映画とかドラマに出て、頑張ってる姿を見せるっていう姿勢が、西田さんの一番すごいところだったと思います。

高田文夫さんから聞いたんですけど、『みごろ！たべごろ！笑いごろ！』（1976年～1978年）でプレスリーのものまねで歌うコントをやって、放送作家さんから「すごいのが出てきたよ」と言われてたそうです。

それ以降、とにかく大河への出演回数がすごくて、最近だと『鎌倉殿の13人』の、神出鬼没の後白河法皇には笑わせていただきましたが、一番古いのは『新・平家物語』（1972年）の北条義時（二役）。続いて『国盗り物語』（1973年）の弥八、『花神』（1977年）の山県有朋、『おんな太閤記』（1981年）の秀吉は、佐久間良子さんの寧々とほぼダブル主演でしたね。

『山河燃ゆ』（1984年）では日系二世の天羽忠《あもうただし》。『武田信玄』（1988年）の山本勘助は、小麦色に日焼けしててカッコよかったです。そして『翔ぶが如く』（1990年）の西郷隆盛も、鹿賀丈史さんの大久保利通とのダブル主演。『八代将軍吉宗』（1995年）では、堂々と吉宗を演じましたね。

まだまだあるんですよ。『葵 徳川三代』（2000年）では徳川2代将軍・秀忠を演じ、『武蔵 MUSASHI』（2003年）では牢人・内山半兵衛、そして『功名が辻』（2006年）で何と徳川家康を演じておられます。全然タイプの違う秀吉と家康の両方を大河で演じたのって、西田さんぐらいじゃないでしょうか？『SPACE BATTLESHIP ヤマト』（2010年）では、徳川機関長まで演じておられますしね。
福島・会津出身の西田さん、『八重の桜』（2013年）では会津藩家老の西郷頼母を演じておられます。ABC『探偵！ナイトスクープ』（1988年〜）でご一緒した時、2代目局長の西田さんには大河にまつわるお話を色々うかがいましたけど、『花神』の長州藩・山県有朋役の話が来たとき、西田さんのお父様はあまりいい顔をなさらなくて、「まあ、やりたければ……」という空気だったそうです。『翔ぶが如く』の西郷役のときもそうだったとうかがいました。

にも関わらず、有朋役は本当にお見事でしたね。「笑いを取る」キャラがすごすぎて。高杉晋作のクーデター後の力強い笑い方が日テレ『西遊記』（1978年）で演じた猪八戒みたいでした。

ドラマや映画の撮影の現場でも、とにかく「面白くやろう」とギリギリまでメモを取ってたそうです。そして本番で全然違うことをやる（笑）。そのアドリブがすごいんですよ。あれが許されるのが、西田さんのすごいところです。

『釣りバカ日誌14お遍路大パニック！』（2003年）に出させていただいたとき、西田さんに「全部、掛布（のものまね）でやってよ」って言われましたもん。「面白おかしくやってよ。いいんだよ。川藤とか、野村監督とか」。いや監督さん（朝原雄三氏）が絶対ダメって言うから……と言ったら、「いや、いいんだよ。関係ないよ。明日もガンガンやっていいから」って。「あんまりマジメな釣りの台本じゃダメなんだよ。バカなんだから、メチャクチャしようよ。アドリブどんどん入れていいからね」っておっしゃってましたよ。

ボクはちょっと怖くて、マジメな漁民役をマジメにやってたんですけど、「ダメだよ、まっちゃん。ふざけていいんだから。カケフで来てよ、カケフで」ってまた言われて。いやすごい人だなあって思いましたよ。

とにかく自由にやれ、アドリブかませ、っていう西田さん流ののびのびした気持ちは、コンプライアンスにがんじがらめになってたら、絶対に出てきませんよね。それじゃあダメなんだよ、メチャクチャしようよっていう精神みたいなものが、蔦屋重三郎という男を通じて描かれれば、『べらぼう』はこれまでにない、歴史に残る大河ドラマになりますよ。すごく、すごく期待しています！

松村邦洋

蔦屋重三郎略年表

和暦（西暦）	年齢	蔦屋重三郎史	政治・社会史
寛延3年（1750）	1歳	1月7日、吉原で生まれる。父は丸山重助、母は広瀬津与	
宝暦10年（1760）	11歳		徳川家治が10代将軍となる。前将軍・家重の御側御用取次・田沼意次、家治の御側御用取次を継続
明和4年（1767）	18歳		意次が側用人に昇格
明和6年（1769）	20歳		意次が老中格に昇進
明和9年／安永元年（1772）	23歳	吉原大門口の五十間道で書店「耕書堂」を開店	意次が老中に昇格
安永2年（1773）	24歳	『吉原細見』の販売を開始	
安永3年（1774）	25歳	遊女評判記『一目千本』（最初の出版物）を出版	
安永4年（1775）	26歳	『吉原細見』の出版を開始	
安永6年（1777）	28歳	富本節正本・稽古本を出版できる株を取得	

安永9年（1780）	31歳	黄表紙、洒落本、往来物の出版を開始	
安永10年 天明元年（1781）	32歳	喜多川歌麿が黄表紙『身貌大通神略縁起』の挿絵を描く。これが重三郎と歌麿の初めての仕事	一橋治済長男・豊千代（後の家斉）、将軍継嗣となる 意次嫡男・田沼意知が奏者番に抜擢
天明3年（1783）	34歳	通油町の地本問屋・丸屋小兵衛の店舗と蔵を買い取り、移転、地本問屋の株も入手。『吉原細見』の独占出版開始。狂歌本の出版を開始（後に狂歌絵本も出版）	意知が若年寄に昇進
天明4年（1784）	35歳		意知が江戸城中で番士・佐野政言に斬られ死去
天明5年（1785）	36歳	『故混馬鹿集』、『大悲千禄本』、『莫切自根金生木』、『江戸生艶気蒲焼』出版	
天明6年（1786）	37歳	『吾妻曲狂歌文庫』出版	8月24日、印旛沼干拓工事中止。8月25日、将軍・家治死去。8月27日、意次、老中辞職。9月6日、御三家、家治の遺言により、幕政に参与。閏10月5日、意次、2万石減封と謹慎を命じられる。12月25日、御三家が幕閣に対し、松平定信を老中に推挙
天明7年（1787）	38歳	『古今狂歌袋』出版	4月15日、家斉が将軍職就任。5月20日、江戸で大規模な米騒動勃発。6月19日、定信、老中首座に就任。10月2日、意次、2万7000石没収、隠居、蟄居謹慎を命じられる

和暦(西暦)	年齢	蔦屋重三郎史	政治・社会史
天明8年(1788)	39歳	黄表紙『文武二道万石通』、狂歌絵本『画本虫撰』、枕絵『歌まくら』出版	意次死去（享年70）
天明9年／寛政元年(1789)	40歳	黄表紙『鸚鵡返文武二道』、狂歌絵本『潮干のつと』出版	
寛政2年(1790)	41歳	『傾城買四十八手』出版	町奉行所が書物問屋仲間に出版統制令を布告。町奉行所が地本問屋仲間に行事を置くことを命じる
寛政3年(1791)	42歳	『箱入娘面屋人魚』出版。書物問屋仲間に加入。出版統制令違反により山東京伝の洒落本『仕懸文庫』など3冊が絶版。身上半減の処分を受ける	
寛政4年(1792)頃	43歳	喜多川歌麿の美人大首絵シリーズ『婦人相学十躰』・『婦女人相十品』など発表	
寛政5年(1793)頃	44歳	喜多川歌麿「当時三美人」「歌撰恋之部」発表	松平定信、老中罷免される
寛政6年(1794)	45歳	5月、東洲斎写楽の役者絵を大量に出版（〜翌年1月）	
寛政8年(1796)	47歳	秋、脚気が重くなり病の床に就く	
寛政9年(1797)	48歳	5月6日、重三郎病没。浅草の正法寺に葬られる	

主な参考文献

赤井達郎著『浮世絵と町人——江戸メディア・アート』講談社
安藤優一郎監修『江戸の色町 遊女と吉原の歴史』カンゼン
安藤優一郎著『蔦屋重三郎と田沼時代の謎』PHP新書
今田洋三著『江戸の本屋さん——近世文化史の側面』平凡社
岡田　晃著『徳川幕府の経済政策——その光と影』PHP新書
沓掛義彦著『大田南畝——詩は詩佛書は米庵に狂歌おれ』ミネルヴァ書房
小林ふみ子著『大田南畝 江戸に狂歌の花咲かす』岩波書店
近藤史人著『歌麿 抵抗の美人画』朝日新書
佐藤至子著『江戸の出版統制——弾圧に翻弄された戯作者たち』吉川弘文館
鈴木俊幸著『蔦屋重三郎』平凡社ライブラリー
鈴木俊幸著『絵草子屋 江戸の浮世絵ショップ』平凡社選書
タイモン・スクリーチ著、高山 宏訳『春画——片手で読む江戸の絵』講談社選書メチエ
タイモン・スクリーチ著、高山 宏訳『定信お見通し——寛政視覚改革の治世学』青土社
高橋克彦著『江戸のニューメディア——浮世絵 情報と広告と遊び』角川書店
童門冬二著『田沼意次と松平定信』時事通信社
ドナルド・キーン著、徳岡孝夫訳『日本文学の歴史9　近世篇3』中央公論新社
富田芳和著『プロジェクト写楽——新説 江戸のキャラクタービジネス』武田ランダムハウスジャパン
野口武彦著『蜀山残雨——大田南畝と江戸文明』新潮社
秦　新二・竹之下誠一著『田沼意次 百年早い開国計画』文藝春秋企画出版部
藤田　覚著『日本史リブレット48 近世の三大改革』山川出版社
松木　寛著『蔦屋重三郎——江戸芸術の演出者』日本経済新聞社
別冊太陽『蔦屋重三郎の仕事』平凡社
別冊太陽『錦絵春画』平凡社
図録『歌麿・写楽の仕掛け人　その名は蔦屋重三郎』サントリー美術館
図録『特別展 写楽』東京国立博物館
図録『大歌麿展』上野の森美術館

松村邦洋懲りずに「べらぼう」を語る

2024年12月25日　第1刷発行

著　　者　松村邦洋
発 行 者　鈴木勝彦
発 行 所　株式会社プレジデント社
〒102-8641　東京都千代田区平河町2-16-1
平河町森タワー13階
https://www.president.co.jp/
https://presidentstore.jp/
電話：　編集(03)3237-3732
販売(03)3237-3731

販　　売　桂木栄一　高橋徹　川井田美景　森田 巌
末吉秀樹　庄司俊昭　大井重義
編　　集　桂木栄一　菊田麻矢
編集協力　西川修一
装　　幀　仲光寛城(ナカミツデザイン)
イラスト　森田 伸
撮　　影　河内 彩
制　　作　関 結香
印刷・製本　中央精版印刷株式会社

ISBN978-4-8334-2555-1
Printed in Japan